PARCERIAS **DE CAMA** E **MENTE**

Dados Internacionais de Catalogação na Publicação (CIP)
(Câmara Brasileira do Livro, SP, Brasil)

Calegari, Maria da Luz
Parcerias de cama e mente — Como o temperamento tece as relações / Maria da Luz Calegari. — São Paulo : Ágora, 2008.

Bibliografia.
ISBN 978-85-7183-046-2

1. Amor - Aspectos psicológicos 2. Comportamento 3. Felicidade 4. Homens - Psicologia 5. Intimidade (Psicologia) 6. Mulheres - Psicologia 7. Personalidade 8. Relações interpessoais 9. Sexo (Psicologia) 10. Temperamento I. Título.

08-05855 CDD-158.2

Índices para catálogo sistemático:

1. Amor : Relações interpessoais : Psicologia aplicada 158.2
2. Relações interpessoais : Psicologia aplicada 158.2

PARCERIAS **DE CAMA** E **MENTE**

Como o temperamento tece as relações

Maria da Luz Calegari

PARCERIAS DE CAMA E MENTE
Como o temperamento tece as relações

Editora executiva: **Soraia Bini Cury**
Assistentes editoriais: **Bibiana Leme e Martha Lopes**
Capa: **BuonoDisegno**
Projeto gráfico e diagramação: **Acqua Estúdio Gráfico**
Ilustrações: **Wilson André Filho (Will)**

Editora Ágora
Departamento editorial:
Rua Itapicuru, 613 – 7º andar
05006-000 – São Paulo – SP
Fone: (11) 3872-3322
Fax: (11) 3872-7476
http://www.editoraagora.com.br
e-mail: agora@editoraagora.com.br

Atendimento ao consumidor:
Summus Editorial
Fone: (11) 3865-9890

Vendas por atacado:
Fone: (11) 3873-8638
Fax: (11) 3873-7085
e-mail: vendas@summus.com.br

Impresso no Brasil

Para Alcides Calegari

Agradecimentos

Agradeço a todas as pessoas que, direta ou indiretamente, contribuíram para enriquecer o conteúdo deste livro. E, especialmente, aos participantes da pesquisa e a meus *coachees*, que, generosamente, compartilharam suas histórias de vida.

Sumário

Introdução

Este é, basicamente, um livro sobre o amor. É bom que fique claro, logo de início, que não existem textos definitivos sobre o assunto nem este pretende ser um. A razão é que "aquilo" que denominamos amor reflete um mosaico tão grande e tão mutante de sentimentos, crenças, sensações, interpretações, ideologias e movimentos culturais, que se torna difícil reduzi-lo a uma tela monocromática que faça sentido para todas as pessoas.

Entretanto, é possível falar dos diversos tipos de amor que a humanidade vem praticando há milênios e, sobretudo, abordar de forma científica por que determinadas modalidades venceram o tempo e podem ser identificadas, ainda que com algumas alterações – na expressão, e não na essência –, em todas as pessoas ou grupos que compõem a população do planeta na época atual.

O tema amor sempre me fascinou. Primeiro, porque é o sentimento dos sentimentos; é o mais importante, pois nos torna quase deuses. É aquele alimento sem o qual enlouquecemos, nos desenvolvemos mal ou vivemos de forma precária. Para fazer uma comparação: o amor é como o Sol. Sem ele, não haveria vida no planeta.

Mais de uma década atrás, fiz minha primeira incursão neste campo. Mulher madura com séculos de janela, desejava principalmente aquietar o coração de minhas alunas (e também alunos) da faculdade em que lecionava, que costumavam aproveitar toda sobra de aula para comentar suas dúvidas e dificuldades nesse campo.

Escrevi, então, *Amor: seus enigmas, tramas e possibilidades* e, no ano seguinte, *O Amor amordaçado*, valendo-me de ampla pesquisa sobre as demandas femininas e masculinas, recorrendo também aos relatos de tarólogos, videntes, cartomantes e afins, e a conversas com terapeutas de várias linhas. Como, naquele momento, imperavam – sobretudo nos Estados Unidos – estudos e interpretações dos mitologemas das deusas e dos deuses gregos (psicologia arquetípica) para entender o comportamento humano, também segui essa trilha, aberta por psiquiatras e psicólogos daquele país.

Hoje, ao entrar em sites de busca, fico impressionada por verificar quanto o tema dos deuses gregos e sua influência no psiquismo, sobre o qual fui uma das primeiras a escrever no Brasil, conquistou pesquisadores, escritores e terapeutas alternativos. Existem à disposição, para quem se interessar, milhares de páginas na internet sobre esse assunto.

Confesso que ainda aprecio o trabalho dos pesquisadores que continuam fiéis à abordagem mitológica. Porém, neste livro, enveredo por outra vertente, a da psicologia junguiana respaldada pela neurociência. Os modernos psicólogos norte-americanos, seguidores de Jung, que comprovaram ser indispensável aprofundar os estudos sobre o temperamento das pessoas, assim como os neurocientistas, que ampliaram sobremaneira o conhecimento sobre o cérebro, forneceram-me explicações muito convincentes – e o que é melhor, empiricamente comprováveis – sobre a forma como percebemos o mundo, os outros e nós mesmos, e por que temos um modo favorito de analisar e de fazer escolhas.

Esses dois processos mentais (percepção e tomada de decisão) influenciam toda a nossa vida, tanto a trajetória pessoal quanto a profissional, e são responsáveis pelo nosso jeito peculiar de ser, ainda que em grande parte sejamos bastante parecidos com outros homens e mulheres de qualquer lugar do mundo. Foi incrível constatar que, apesar da distância e das diferenças culturais, os problemas afetivos de uma jovem brasileira podem ser idênticos aos de uma garota neozelandesa, e que a forma como elas lidarão com os conflitos também será muito parecida.

É uma questão de temperamento. Isso mesmo: temperamento, esse termo prosaico, sinônimo de "gênio", do qual falamos diariamente como se fosse algo banal e que é muitíssimo mais profundo do que imaginamos. Porque o temperamento, que é a essência da nossa personalidade, nasce conosco e nos acompanha pela vida toda, não importando as pressões ou as demandas familiares ou culturais. Por causa delas, poderemos fazer ajustes, modificar alguns comportamentos disfuncionais, adotar determinados valores, mas jamais conseguiremos descartar ou alterar fundamentalmente o nosso temperamento. Ele é o DNA da nossa alma ou da nossa psique e, por isso, merece ser conhecido, para que obtenhamos respostas que façam sentido para nossas mais íntimas e inquietantes perguntas.

Leitores mais afoitos poderão pensar que este é um livro intelectualizado ou hermético. Engano! Apenas poucos capítulos apresentam alguma teoria, já que ela é indispensável para compreender a base de cada temperamento. Porém, procurei desenvolver o texto da forma mais didática e simples possível, de modo a torná-lo acessível à maioria. Para os leitores que buscam fundamentação para afirmativas que desconhecem, ou que apreciam teorias ou teses, as notas insertas ao final de cada capítulo poderão suprir, em parte, essa necessidade.

Finalmente, informo que estas páginas foram escritas, palavra por palavra, sob a inspiração mais legítima do amor. Amor pelo semelhante e em solidariedade à sua busca pela felicidade pessoal. Espero que cada leitor se encontre nestas páginas e que, ao descobrir-se, rejubile-se ou se repreenda por ser o que é, bem como que aceite ou rejeite o amor que tem – oferecido ou recebido – com a certeza de que cada um dá-se no amor, como em outras esferas da vida, com os recursos que acumulou ao longo do tempo.

Isso não significa que devemos conformar-nos com a miséria. Ao contrário: todos podemos ampliar a nossa capacidade de dar e de receber amor, sendo mais abertos à diversidade e mais tolerantes com as diferenças alheias. Meus votos de feliz viagem por este território fascinante!

A autora

Temperamento: o que não se vê

Começo com um pouco de teoria, porque ela é indispensável para que possamos compreender o ser humano, as diferentes visões de mundo, os interesses díspares, e muitas vezes antagônicos, e o modo como cada pessoa faz escolhas. Tudo isso está diretamente relacionado com temperamento, como expliquei na Introdução.

Usamos essa palavra na vida cotidiana, com muita freqüência, sem atentar para a profundidade do conceito. Costumamos dizer: "Fulano tem temperamento 'forte' enquanto Beltrano tem temperamento mais 'suave'". Essa afirmação significa que Fulano e Beltrano, em seu comportamento diário, demonstram possuir algumas características que, em conjunto, os definem como pessoas de índole mais agressiva ou mais amável. Fazemos isso de maneira inconsciente, resgatando experiências pessoais que acabaram definindo um padrão, um modelo.

O ser humano, durante toda sua longa existência no planeta, sempre procurou encontrar padrões na natureza e, naturalmente, em si mesmo. Tal procedimento facilita a compreensão do mundo, porque possibilita uma interação mais rápida e confortável com ele. Com os temperamentos psicológicos, "classificamos" as pessoas em quatro grupos. Não quero, com isso, afirmar que os temperamentos explicam uma pessoa por inteiro; somos muito mais complexos do que qualquer padrão poderia explicar. Contudo, a prática diária comprova que os padrões nos ajudam bastante a entender boa parte das razões que fazem uma pessoa ser mais "egoísta" ou mais "altruísta", mais "controladora" ou mais "flexível", mais "reservada" ou mais "expansiva". Ou, ainda, mais propensa a dar amor ou mais "sovina", mais "crua" ou mais "poética", mais "promíscua" ou mais "pudica", mais "aventureira" ou mais "conservadora" etc.

Inconsciente coletivo

Observando o comportamento das pessoas em consultório e também em sociedade, o psicólogo suíço Carl Gustav Jung formulou uma hipótese (que depois testaria viajando por diversas partes do mundo e analisando várias culturas): o comportamento humano não é fruto do acaso; ele é previsível e, portanto, classificável. Diferenças de comportamento, conforme escreveu na obra *Tipos psicológicos*, de 1923, são resultado de preferências relativas às funções básicas da mente, exercitadas ao longo da vida. Tais preferências emergem cedo, constituindo as fundações da personalidade.

A idéia de que o temperamento já está presente no indivíduo no momento do nascimento, e que ele é universal, está apoiada nas noções de arquétipo e inconsciente coletivo, dois conceitos que constituem as bases da psicologia junguiana.

O círculo, a cruz e o dragão são exemplos de arquétipos que existem em todas as culturas. Mas, do ponto de vista humano, *arquétipos* são os tipos primeiros, de que resultaram modelos ou padrões. Eles são os pilares da nossa vida psíquica, comuns à população terrena.

Com relação ao conceito de *inconsciente coletivo*, Jung afirmou que "do mesmo modo que o corpo humano apresenta uma anatomia comum, sempre a mesma, apesar de todas as diferenças raciais, assim também a psique possui um substrato partilhado por toda a humanidade". Ele denominou esse substrato "inconsciente coletivo", uma herança que transcende todas as diferenças de cultura e de atitudes conscientes, ou seja, "o inconsciente coletivo apresenta disposições latentes para reações idênticas" (1996, p. 75), conforme escreveu a psiquiatra brasileira Nise da Silveira, em *Jung, vida e obra*. O inconsciente coletivo nada mais é que a expressão psíquica da identidade da estrutura cerebral, independentemente de todas as diferenças raciais. Suas origens são desconhecidas e perdem-se no tempo.

Em 1976, o biólogo inglês Richard Dawkins, professor da Universidade de Oxford, lançou a obra *O gene egoísta*, revista e ampliada em 2007. Nela, defende sua teoria particular sobre a seleção natural e a evolução das espécies, assunto que parecia ter sido esgotado por Charles Darwin. Nos genes – que estão "na moda" por causa do projeto Genoma –, segundo entende Dawkins, estão todas as explicações para grande parte dos comportamentos, entre eles a agressividade, a mentira, a diferenciação sexual e os relacionamentos. O gene egoísta, defende esse pesquisador, explicaria por que algumas pessoas são bem-sucedidas e outras não. Em uma frase, ele resume que aquilo que é melhor para um indivíduo é também o melhor para seus genes.

Apesar dos argumentos e do raciocínio bem-encadeado de Dawkins, preferi ficar com as teorias de Jung e confirmar, por intermédio de trabalho de campo, as descobertas da neurociência – principalmente nas últimas décadas do século XX – e dos psicólogos norte-americanos da linha arquetípica. Acredito, como eles, que a chave para compreender o comportamento humano está nas funções mentais.

História do temperamento

Estudos antropológicos fazem acreditar que os temperamentos se aperfeiçoaram e se diversificaram ao longo dos milênios e que ainda estão em desenvolvimento, porque viver é um processo dinâmico, e não um ato estático.

Na fase que precedeu a civilização, homens e mulheres preocuparam-se, sobretudo, com a sobrevivência. Nesse longo período, não se fixaram em territórios, porque estavam interessados em explorar locais onde a caça, a pesca, as raízes e os frutos comestíveis fossem mais abundantes. Então, houve a invenção da agricultura (por volta de 8.000 a.C.) e a descoberta da fecundação (durante muito tempo, homens e mulheres transaram com diversos parceiros sem saber que os bebês eram o resultado natural da transa e – muito importante! – tampouco sabiam que o homem contribuía com sua semente para fecundar o óvulo feminino). Essas descobertas foram responsáveis pela constituição da família, pelo surgimento do senso de posse, pelo tabu da virgindade e pela ascensão do homem ao posto de cabeça do casal, de que resultaram o desbancamento do matriarcado e a instauração do patriarcado.

Quando o homem ingressou no que denominamos civilização, passou a observar a natureza, o céu, os astros e os fenômenos que ocorriam independentemente de sua vontade, e a estabelecer hipóteses para tais ocorrências. É nesse momento histórico que tem início a produção de uma ciência incipiente que evolui muito rápido, como se pode constatar ao ler sobre os caldeus, egípcios, maias e gregos, principalmente. Logo depois, o homem começou a se perguntar: "Quem sou eu? Por que estou aqui? Para onde vou? Quem toma conta de tudo que está fora do meu alcance?". Esse foi o período que demarcou a necessidade de conhecer a si mesmo e ao próximo, bem como de ir além do mundo concreto, para inventar ou encontrar o reino do divino e do místico.

Em resumo, todos os seres humanos evoluíram, e continuam a evoluir, com base na satisfação de necessidades físicas (alimento, calor, sexo), para suprir necessidades de segurança (casa, calçado e vestimenta, armas e meios de subsistência) e, em seguida, para a satisfação de sua curiosidade com relação a fenômenos exteriores (o dia e a noite, o sol e a chuva, os cataclismas etc.); mais tarde, o homem passou a buscar satisfação de necessidades sociais (fazer parte de um grupo, exercer liderança, desenvolver amizade e ética) e, finalmente, a procurar o que denomino "auto-realização" (autoconhecimento e valorização do eu, dignidade, integridade). Poucos são capazes, mesmo hoje, de atingir o último estágio: meta final e mais importante da vida.

A maturação dos temperamentos acompanhou o processo anteriormente descrito. Inicialmente, o homem desenvolveu coragem, valentia, espírito de aventura, nomadismo – características muito fortes em pessoas com temperamento "hedonista". Embora o termo evoque, de imediato, o prazer, o que parece contraditório com relação às qualidades mencionadas, observo que o comportamento arrojado e o desafio ao perigo sempre visaram à obtenção de prazer, e não o contrário.

De aventureiros e nômades, os homens passaram a proprietários, no período em que descobriram que era possível plantar e colher, tornando-se, portanto, sedentários. Não era mais necessário enfrentar o perigo para obter alimento, embora uma parcela significativa da população tenha continuado a viver como hedonista. Homens e mulheres, que preferiram constituir família e amanhar a terra, tornaram-se guardiães, termo que utilizo para identificar aquelas pessoas que valorizam aquisições materiais, *status* familiar e regras sociais de convivência.

Ao sair do mundo concreto para o abstrato (momento em que o homem começa a especular sobre fenômenos que desconhece e sobre si mesmo), principia a desenvolver um processo mental até então desconhecido: a intuição, que o ajuda não somente a estabelecer teorias sobre o mundo e a vida, como também sobre o significado de sua existência no planeta e do seu relacionamento com as pessoas de seu grupo. Surgem, então, o idealista – aquele que tem por objetivo normalizar a vida mediante ética, amor e compaixão pelo outro, sem perder sua integridade – e o cerebral, mais preocupado em compreender causas e efeitos dos fenômenos que atingem o mundo, para os quais estabelece hipóteses e possibilidades.

Estudo antigo

As diferenças de comportamento entre pessoas e grupos já eram observadas nas sociedades primitivas e destacadas por intermédio das funções que exerciam nas tribos. Porém, textos sobre esse assunto somente apareceram no século VI a.C., no Antigo Testamento: o profeta Ezequiel divide a humanidade em quatro temperamentos, denominando-os leão, boi, homem e águia. Ao grupo do leão correspondem os destemidos e aventureiros; os trabalhadores e acumuladores são do grupo do boi; homem dizia respeito àqueles que já demonstravam preocupação com a condição humana; e a águia identificava pessoas que enxergavam longe, os precursores do conhecimento e da pesquisa científica.

A Tabela 1, na página seguinte, apresenta, de forma resumida, as denominações adotadas ao longo do tempo.

Neste livro, optei pelas denominações atribuídas por Aristóteles (hedonista) e Platão (guardião e idealista) e substituí racional por cerebral, pois a racionalidade é uma característica comum a todos os seres humanos e não apenas a um grupo. Cerebral é sinônimo de mental, pessoa que utiliza preponderantemente raciocínio lógico para tomar decisões.

Sentimento e razão

É interessante estabelecer, desde já, que seres humanos podem tomar decisões baseadas em *sentimentos* (ou valores) com relação às outras pessoas ou com relação a si próprias. Isso significa que pessoas sentimentais são mais subjetivas ao analisar e fazer escolhas. É importante destacar também que existem diferenças entre sentimento, emoção e paixão, três estados relacionados com emotividade, que costumam ser interpretados erroneamente pela maioria das pessoas. Por sentimento, deve-se entender um estado emotivo no qual nossas reações, diante de uma situação, mantêm-se organizadas, controladas, equilibradas; ou seja, somos os condutores desse estado. Já quando há emoção, costuma ocorrer um descontrole, mesmo que mínimo, e na maior parte das vezes é ela que domina o nosso poder de decidir. A paixão, por sua vez, é o sentimento exaltado, superdesenvolvido

Tabela 1 – Denominações atribuídas a cada temperamento (do séc. VI a.C. até hoje)

Data	Autor	Denominação			
590 a.C.	Ezequiel	Leão	Boi	Homem	Águia
370 a.C.	Hipócrates	Alegre	Sombrio	Entusiasmado	Calmo
340 a.C.	Platão	Artesão	Guardião	Idealista	Racional
325 a.C.	Aristóteles	Hedonista	Proprietário	Ético	Dialético
190 d.C.	Galeno	Sanguíneo	Melancólico	Colérico	Fleumático
1550	Paracelso	Mutante	Industrioso	Inspirado	Curioso
1905	Adickes	Inovador	Tradicional	Doutrinário	Cético
1914	Spränger	Estético	Econômico	Religioso	Teórico
1920	Kretschmer	Maníaco	Depressivo	Supersensível	Insensível
1920	Jung	Sensorial	Sentimental	Intuitivo	Pensador
1958	Myers	Perceptivo	Julgador	Sentimental	Pensador
1978	Keirsey	Dionisíaco	Epitemeico	Apolíneo	Prometeico
1998	Keirsey	Artesão	Guardião	Idealista	Racional

Fontes: David Keirsey; Stephen Montgomery (ver Bibliografia).

com relação a alguém ou a algo (uma idéia ou uma causa, por exemplo). Submetido a esse estado, o objeto pelo qual nos apaixonamos passa a ser o único que importa. Se nutrirmos paixão pela igualdade social, poderemos nos engajar em grandes realizações em favor de uma coletividade ou do mundo. Se, pelo contrário, nos apaixonarmos por uma "droga", ela poderá dominar nossa vida e transformar-nos em marginais ou sociopatas.

A forma de analisar e tomar decisões movida por sentimentos subjetivos é oposta ao modo favorito dos *tipos pensadores*, que procuram ser objetivos ao analisar e decidir. Os pensadores são aqueles que confiam muito mais na justiça do raciocínio lógico do que na dos sentimentos ou valores. Essa distinção é basilar quando falamos de temperamentos, porque sentimento e razão representam um dos cortes fundamentais no estudo da personalidade.

Outro corte definidor está relacionado com o mundo em que as pessoas preferem viver: o *concreto*, onde contam os fatos, ou o *abstrato*, no qual intuições, possibilidades, imaginação e sonhos são mais importantes. Muita gente faz confusão com o conceito de intuição. Esse processo mental nada mais é que conhecimento não mediado instantaneamente pelos sentidos. Trata-se de uma "sensibilidade" intelectual, sentimental e moral imediata, como uma visão. Essa função mental demora para se desenvolver, pois depende de experiência, estudo e trabalho. A pessoa intuitiva tem noção de que a vida é muito mais do que as experiências obtidas por intermédio dos sentidos.

Finalmente, pessoas podem ser *extrovertidas* (energizam-se em contato com outras pessoas e, por isso, preferem viver acompanhadas na maior parte do tempo) ou *introvertidas* (energizam-se na solidão, preferindo ficar sozinhas ou em grupos pequenos do que no meio da multidão).

O fenômeno da atração

Por que nos comportamos desta ou daquela forma diante de pessoas que nos atraem e por quais motivos escolhemos Pedro ou Joana para namorar, e não José e Margarida? Ou, ainda, por que Luís prefere namorar garotos e Lúcia, garotas?

Afinidade, diversidade e complementaridade, em qualquer tipo de relacionamento, refletem padrões arquetípicos que estão na mente de cada um de nós, como comentei na Introdução. Porém, é preciso salientar que tais padrões, adquiridos lentamente, recebem forte influência da família em que nascemos e crescemos, bem como da cultura em que fomos socializados. (Ao "produto" resultante da interação entre temperamento e meio social e cultural chamamos "caráter", uma configuração de hábitos que vai sendo formada durante o processo de socialização.)

A atração por determinadas pessoas, para uma aventura sexual ou para uma parceria duradoura, depende desses dois pilares (temperamento e caráter), que sustentam a nossa personalidade. Podemos escolher João para casar porque tem características valorizadas na cultura em que vivemos, mas igualmente podemos preferir Pedro para um encontro sexual, porque apresenta "qualidades" físicas que pessoalmente nos atraem.

Isso posto, fica evidente que conhecer profundamente a influência do temperamento na nossa vida representa um "abre-te, sésamo" para entender comportamentos de aceitação ou rejeição nossos e daquelas pessoas com quem nos relacionamos, sejam namorados(as), amantes, maridos e esposas, pais, irmãos, filhos, chefes, subordinados, enfim, todo mundo que, de alguma forma, interage conosco ao longo da vida.

O que você valoriza?

A forma favorita de perceber as coisas (visão de mundo) e o modo como fazemos escolhas (tomada de decisão) refletem uma conquista fundamental, que nos distingue e nos distancia dos animais: nossos *interesses* (o que nos motiva a viver, a lutar, a ir em frente mesmo diante de dificuldades etc.) e os *valores* que defendemos. Alguns são resultantes do meio onde fomos criados, mas muitos podem ser considerados inatos. Se assim não fosse, como explicar que em uma mesma família – que valoriza "dar o troco", ou seja, vingança como uma questão de honra, nasça uma criatura totalmente contrária à violência? Ou então que, em um lar onde se prezam comportamentos éticos e respeito à vida, surjam membros imorais, delinqüentes e criminosos? Esses são apenas dois exemplos dentre centenas, que poderiam ser invocados para demonstrar que diferimos, uns dos outros, com relação ao que valorizamos.

Outro fator que influencia enormemente o modo de estar no mundo são as inteligências ou talentos. Sabemos hoje que os seres humanos apresentam inteligências diversas, no mínimo sete, e que elas determinam, em algum grau, as escolhas e os caminhos que trilharemos na vida, porque são determinantes para a auto-realização e a forma de inserção na sociedade. Pessoas nascem com talentos diferenciados para a música, para a literatura, para os esportes, para a culinária, para a informática, para ciências exatas, para medicina e enfermagem, para ensinar, para arquitetar e construir, para curar "almas", para orientar etc. Logicamente, quando somos bons em alguma área do conhecimento, ou temos habilidades, tendemos a valorizar e a admirar quem é "bom" nos nossos campos de interesse favoritos.

Pesquisa como baliza

O que se sabe, atualmente, sobre a forma como escolhemos pessoas para "ficar", namorar ou casar indica que os seguintes fatores influenciam ou determinam nossas decisões: atração física, idade, raça (etnia), religião, nível educacional, expectativas familiares, circunstâncias econômicas e perspectivas.

A pesquisa feita para este livro, que abrangeu 565 pessoas residentes no Brasil (363 mulheres e 202 homens), com idades entre 14 e 65 anos e de todas as classes sociais, evidenciou que quanto mais jovens, mais nos deixamos impressionar pela aparência de uma pessoa: altura, peso, cor da pele, dos olhos e dos cabelos (e também o aspecto e o comprimento destes), modo de falar, de se vestir e de se comportar. Quando me referi à vida pessoal, a maioria dos entrevistados confessou que não estava se relacionando com pessoas que correspondiam fisicamente ao que valorizavam. No entanto, quase todos estavam muito satisfeitos com o parceiro, o que comprova que atração não só vai muito além da aparência como também não é fator primordial para iniciar e manter uma relação.

Esses dados permitem concluir que homens e mulheres parecem saber distinguir "instintivamente" os caracteres pessoais dos parceiros e que são esses os ingredientes determinantes de uma escolha e de sua manutenção por certo período (ou para sempre, em alguns casos).

A esta altura, os leitores talvez estejam curiosos para saber se as escolhas tendem a reunir os afins ou os opostos... A primeira conclusão é a seguinte: opostos se atraem principalmente na juventude e para relações efêmeras; os iguais ou afins se atraem quando são mais maduros e buscam relacionamentos que durem.

Considero importante informar que outros pesquisadores do comportamento humano chegaram à conclusão de que as pessoas buscam complementaridade nos relacionamentos. Nem o contraste dos opostos, nem a similaridade dos "iguais", mas a riqueza dos complementos parece ser a alquimia que dá mais certo, asseguram psicólogos norte-americanos.

Sem querer discordar deles, até porque seria necessária uma pesquisa exaustiva para saber quem tem razão, é possível que pessoas com o mesmo temperamento consigam estabelecer parcerias mais harmoniosas e gratificantes. Em vez de "fulano (a) é o meu tipo", a frase que definiria uma escolha duradoura seria: "fulano(a) fala a mesma língua que eu", e ela denuncia que fazemos escolhas de acordo com nosso temperamento.

Falar a mesma língua

Repetindo: em se tratando das relações, dois eixos da personalidade assumem a primazia; o primeiro é a forma como preferimos perceber e estar no mundo (dando mais valor aos sentidos ou à intuição) e o segundo, o modo como preferimos interagir com os outros: se de modo utilitarista ou cooperador. A percepção sensorial e a intuitiva merecem destaque, porque tal preferência está na base do "falar a mesma língua".

Os tipos sensoriais preferem viver no mundo concreto e não seria errado dizer que são mais materialistas, ao passo que os tipos intuitivos dão muito menos importância para bens materiais, *status* social, fama e aparência física, fatores que os primeiros valorizam bastante.

Pesquisas internacionais realizadas nesse campo sugerem que de 75% a 80% da humanidade é sensorial e 20% a 25%, intuitiva. Quanto ao processo de fazer escolhas, ou tomar decisões, há equilíbrio entre as preferências: 50% da humanidade é pensadora e a outra metade, sentimental. Embora haja empate nessa função mental, o processo sentimental é muito mais utilizado pelas mulheres do que pelos homens. Comprovadamente, em qualquer cultura, elas são muito mais cuidadosas, compassivas e tolerantes que eles. Essa disposição natural está diretamente relacionada com o condicionamento cultural milenar. Desde épocas primevas, as mulheres se encarregaram de cuidar das crianças, dos idosos e dos doentes, além de serem provedoras (elas inventaram a agricultura!).

As diferenças comportamentais próprias dos pensadores lógicos e dos sentimentais têm papel preponderante no estabelecimento de parcerias e estão na base da maioria dos conflitos, queixas, frustrações e separações, conforme apurei por meio da pesquisa realizada para este livro. É prático esclarecer que os sentimentais representam, geralmente, a parte que cede, que se doa e que trabalha em prol da harmonia. Quase sempre, sentimentais dão mais do que recebem, mas também podem ser incrivelmente independentes. Os capítulos seguintes possibilitam compreender, com riqueza de detalhes, os conceitos e informações citados. A Tabela 2 apresenta, de forma sucinta, as principais características dos quatro temperamentos.

QUAL É SEU TEMPERAMENTO?

Antes de começar a ler sobre cada temperamento e as diversas maneiras de se relacionar, é interessante responder ao questionário a seguir. Isso propiciará que cada leitor se reconheça mais rapidamente nas situações descritas e compreenda seu comportamento habitual nos relacionamentos amorosos.

Tabela 2 – Algumas características dos quatro temperamentos universais

	Hedonistas	Guardiães	Idealistas	Cerebrais
Mundo favorito	Concreto	Concreto	Abstrato	Abstrato
Comportamento	Mutante	Conservador	Empático	Distante
Focados em	Ações	Resultados	Ideais	Conhecimento
Confiam em	Impulsos	Autoridade	Intuição	Razão
Socialmente são	Individualistas	Corporativistas	Altruístas	Utilitaristas
Valorizam	Consumo	*Status* social	Reconhecimento	Inteligência
Estilo de comunicação	Descritivo	Imperativo	Metafórico	Técnico
Nas relações são	Volúveis	Estáveis	Românticos	Céticos
Disposição natural	Agitados	Compenetrados	Entusiasmados	Calmos
Apreço por	Desafios	Segurança	Integridade	Autonomia
Tendências "negativas"	Promiscuidade Sociopatias	Poligamia Autoritarismo	Obsessão Radicalismo	Arrogância Tirania

Para maior compreensão sobre processos mentais, ler *Temperamento e carreira* (Calegari e Gemignani, 2006).

Nas catorze afirmações, assinale com MV quando você se reconhecer na afirmativa, com PV quando se reconhecer parcialmente e com AV quando tiver pouco que ver com você. **Atenção:** não se deve atribuir a mesma classificação a letras diferentes em cada uma das situações apresentadas. Assim, como apenas três respostas serão levadas em consideração, uma das quatro opções (A, B, C ou D) será "desprezada" (aquela que o leitor considerar falsa).

Para as mulheres

1. Faço questão de ter uma imagem:

a) sexy e "fashion";

b) elegante, às vezes chique;

c) original, como eu sou;

d) natural.

2. Valorizo muito em um homem:
a) esperteza, humor e ousadia;
b) prestígio, trabalho e sucesso;
c) conteúdo, sabedoria e gentileza;
d) inteligência, autonomia e competência.

3. Sexo, para mim, é:
a) sinônimo de amor;
b) um componente da relação estável;
c) comunicação, integração e aceitação;
d) como ginástica: natural e saudável.

4. Casamento, para mim, é:
a) uma possibilidade, mas não uma obrigação;
b) fundamental para que me realize;
c) decorrência de um grande afeto;
d) dispensável.

5. Filhos, para mim, são:
a) a chancela de uma paixão;
b) indispensáveis, com ou sem casamento;
c) companheiros aos quais se deve ensinar a voar;
d) "legais", mas tomam muito tempo.

6. Fidelidade:
a) depende de como sou tratada;
b) está no topo dos meus valores;
c) é, sobretudo, sinceridade;
d) é um valor machista.

7. Mais importante na minha vida é:
a) ter prazer e alegria;
b) ter *status* e dinheiro;
c) difundir valores humanitários;
d) fazer uma "revolução" intelectual.

8. Gosto quando:
a) pessoas viram a cabeça para me olhar;
b) sou consultada por conta de meu "juízo";
c) verifico que contribuí positivamente;
d) consigo solucionar um enigma.

9. Costumo despertar nas outras mulheres:
a) inveja, porque atraio os homens;
b) inveja, porque atraio bons partidos;
c) estranheza, porque não gosto de seduzir;
d) estranheza, porque divirjo da maioria.

10. Minha autoconfiança é maior quando:
a) sinto que as pessoas me "aplaudem";
b) faço parte de um grupo que me valoriza;
c) as pessoas expressam seu afeto;
d) tenho liberdade para ser do meu jeito.

11. Olhando para o futuro, penso que:
a) serei feliz e "sortuda";
b) poderei ser menos preocupada;
c) encontrarei gente mais consciente;
d) a razão triunfará.

12. Meu lema de vida é:
a) desfrutar a vida até a "última gota";
b) ter sucesso, prestígio e dinheiro;
c) ser fiel a mim mesma e deixar uma marca;
d) provar que tenho mente privilegiada.

13. Estas palavras se aplicam a mim:
a) generosidade e espontaneidade;
b) moralidade e trabalho árduo;
c) compaixão e integridade;
d) engenhosidade e visão de futuro.

14. Gostaria que jamais me faltassem:
a) otimismo e beleza;
b) poder e bom-senso;
c) amor e dignidade;
d) inteligência e glória.

Para os homens

1. Gosto que reconheçam minha imagem:
a) de homem de ação, otimista e corajoso;
b) de pessoa confiável e trabalhadora;
c) de humanista: me preocupo com gente;
d) de inovador e empreendedor.

2. Com relação à aparência física:
a) gosto de estar na moda;
b) sou discreto e sóbrio;
c) tenho um estilo pessoal;
d) dou pouca importância.

3. Desejo para minha vida profissional:
a) desafios, aventura, prazer;
b) uma carreira, *status* e dinheiro;
c) uma "missão" que transforme o "mundo";
d) desafios intelectuais permanentes.

4. Meu ideal de mulher é:
a) todas as belas e gostosas;
b) alguém atraente e com boa formação;
c) aquela que é sincera e íntegra;
d) aquela que pensa como eu.

5. Para mim, sexo é:
a) o maior prazer dentre todos;
b) um prazer com momento certo;
c) um contato físico e espiritual;
d) um momento de "relax".

6. Vejo o casamento como:
a) fora de moda, mas às vezes inevitável;
b) instituição moral, provedora e protetora;
c) conseqüência de uma relação de amor;
d) uma possibilidade, sem data.

7. Filhos são:
a) grandes companheiros de aventuras;
b) minha continuação, motivo para casar;
c) do mundo, cabe aos pais prepará-los para isso;
d) importantes, desde que a mulher os eduque.

8. Penso que a fidelidade:
a) é ilusão, quando se refere a homens;
b) é obrigatória quando há compromisso;
c) é uma disposição interna e não uma norma;
d) deve ser preestabelecida pelo casal.

9. Minha autoconfiança é maior quando:
a) sinto que as pessoas me "aplaudem";
b) faço parte de um grupo que me valoriza;
c) as pessoas acreditam no que defendo;
d) tenho liberdade para ser do meu jeito.

10. Percebo que outros homens me vêem:
a) como um sedutor, embora eu não ache;
b) como modelo de seriedade e sucesso;
c) como sonhador e até esquisito ou "bobo";
d) como inteligente e um pouco arrogante.

11. Olhando para o futuro, penso que:
a) serei feliz e "sortudo";
b) poderei ser menos preocupado;
c) encontrarei gente menos "cega";
d) a razão triunfará.

12. Uma característica notável em mim é:
a) a impulsividade;
b) a busca de *status*;
c) o espírito de sacrifício;
d) a autonomia.

13. Estas palavras se aplicam a mim:
a) generosidade e espontaneidade;
b) moralidade e trabalho árduo;
c) compaixão e integridade;
d) engenhosidade e visão ampla.

14. Gostaria que nunca se esgotasse(m):
a) a virilidade e a energia;
b) a virilidade e o impulso para progredir;
c) a capacidade de compreender o próximo;
d) a curiosidade para aprender e inovar.

Resultado: Atribuir 3 pontos para cada MV, 2 pontos para cada PV e 1 ponto para cada AV. Transferir os pontos das 14 situações para a tabela abaixo.

	1	2	3	4	5	6	7	8	9	10	11	12	13	14	Total
A															
B															
C															
D															

Para conhecer a essência da personalidade (temperamento), verifique em qual letra houve maior pontuação: em A, Hedonista; em B, Guardião(ã); em C, Idealista; em D, Cerebral.

Não há motivo para preocupação se não se obtiver pontuação "expressiva" em um dos temperamentos, pois não existem tipos puros. A personalidade humana é resultado do temperamento e do caráter (hábitos desenvolvidos durante o processo de socialização). Ao responder ao teste, projetamos também características adquiridas socialmente.

NOTA

Temperamentos e visões do amor

Yehudah Abravanel (1983), pensador do período renascentista, escreveu uma obra pioneira sobre como diferentes perspectivas e interesses influenciam o tipo de amor que as pessoas desejam encontrar. Esse autor considerou que todos os seres da Terra são habitados

> pela alma do mundo, que os orienta numa reta infalível de cognição. Nos insensíveis, chama-se desejo natural; nos sensíveis, desejo sensorial ou apetite; e nos racionais, vontade. O conhecimento, próprio dos seres racionais, é um movimento de ascensão: eleva-se do amor sensual para o amor intelectual. (p. 73)

2 Os vários nomes do amor

O povo grego antigo foi o primeiro a refletir, dialogar, debater e escrever sobre o amor. E, embora esse fosse um mister de filósofos e poetas de alta expressão, nem eles conseguiram chegar a uma conclusão definitiva. Suas idéias, que ainda hoje são estudadas, referem-se a três tipos de amor e são apresentadas na obra de Platão *Ágape*, ou *O banquete*, na tradução em língua portuguesa.

Não apresentarei o conteúdo desse texto. Nem mesmo de forma resumida. O que importa saber é que na Grécia Clássica o amor se mostrava por meio de três faces. A primeira era **Eros** (de que deriva o termo "erótico"), deus primordial, que surgiu logo após o Caos, segundo alguns mitologistas, e, segundo outros, filho da deusa Afrodite.

Qualquer que seja sua origem, Eros diz respeito, até hoje, à força de atração por um corpo belo. Porém, não é uma atração totalmente isenta de subjetividade, ao contrário: por meio da beleza, que sensibiliza os sentidos, podemos extrapolar para uma beleza ideal, a qual, muitas vezes, reúne caracteres físicos e espirituais. Eros, ou Cupido, como o chamavam os romanos, tinha asas e portava uma aljava onde guardava as flechas. Ao serem disparadas e ao atingirem o coração dos alvos, elas despertavam a paixão, impulso para o encontro com o outro, para a união de corpos e de almas.

A segunda face do amor, para os gregos, denominava-se **Philia**, que quer dizer amizade. Ela pressupõe uma identidade e, portanto, passa longe da sensibilização dos sentidos. É, sobretudo, uma disposição do caráter e uma escolha mediada pela razão, atendendo ao interesse, ao prazer da convivência ou à admiração por alguém. Como bem lembrou o filósofo Aristóteles, não existe amizade sem identidade, e ela requer trabalho, não somente amor.

O terceiro tipo de amor, ao qual Platão denominou **Ágape**, é o amor incondicional, o amor supremo, que tanto pode ser direcionado para um esposo como para um parente, para a humanidade, para uma causa ou para Deus. É o amor alado (com asas) e alante (que provê asas), que, portanto, faz amante e amado voarem para outras altitudes.

Quem lê este texto já deu pela falta de algo mais encantador: o amor romântico. A maioria se surpreenderá ao saber que ele nada mais é do que uma criação cultural que teve origem na Idade Média, impensável para as culturas grega e romana. O amor romântico é fruto da literatura cavalheiresca e adquiriu, desde logo, uma face trágica.

O motivo para a demora de sua eclosão deveu-se ao envolvimento do homem antigo e medieval com a política, a guerra e o convívio com outros homens. Nesse longo período, não houve alternativa para o casal a não ser manter-se, a maior parte do tempo, separado: ele na vida pública, ela na esfera do lar.

A eleita para o casamento precisava comportar-se como "santa", pois sua salvação dependia unicamente de um homem, aquele que a escolhia para ser gestante, nutriz e educadora de seus filhos. Como tal, estava restrita ao "gineceu" e às atividades domésticas. As dissidentes eram as mulheres amantes e as heteras. E todos eram, ou pareciam ser, muito felizes com seus papéis.

O amor romântico, porém, espreitava. E foi por intermédio especialmente da poesia, que exaltava o amor cortês, que ele assaltou os corações femininos. Isso somente foi possível porque, com o estabelecimento dos grandes estados nacionais, os homens se retiraram da cena política (da vida pública) e das guerras, e passaram a se envolver, em maior medida, na vida doméstica. Assim, a família ganhou o mesmo valor, ou quase o mesmo, que a praça, e a felicidade refletiu outro cenário.

Um romance teve o condão de criar a mágica, na Idade Média. Seu título: *Tristão e Isolda*, imortalizado em forma de ópera por Wagner, no século XX. Também não resumirei esse romance, porém é importante destacar que os protagonistas se amam desesperadamente, mas jamais se deitam no leito do amor burguês. Isolda era esposa do rei Marcos e, por isso, seu romance com Tristão é proibido.

À sombra do sucesso de *Tristão e Isolda* floresceu a literatura cavalheiresca, que vigorou por alguns séculos e produziu poesia lírica de alta qualidade, a ponto de perdurar até hoje. Bons exemplos são os poemas de Camões e a tragédia *Romeu e Julieta*, de William Shakespeare.

No entanto, por volta do fim do século XVII e por quase todo o século XVIII, os costumes mudaram radicalmente. A vida nas cortes era vibrante e quase sempre dissoluta. Nos domínios do amor, o que prevalecia era a conquista e, para que ela se consumasse, utilizavam-se todos os meios, principalmente as táticas militares. Quem duvidar que leia *As ligações perigosas*, de Choderlos de Laclos, ou *O vermelho e o negro*, de Stendhal.

A literatura dessa época é a fonte que permite conhecer a forma como se engendravam as parcerias. Havia o amor-gosto (ligação de conveniência), o amor físico (hedonista), o amor-jogo (praticado pelos cerebrais) e o amor-paixão, que teria um renascimento glorioso no século XIX, sobretudo por meio da pena dos românticos franceses e do poeta alemão Goethe. Pode-se dizer que, até certo ponto, essa foi uma literatura perversa, porque exaltava o amor pelo inacessível.

O amor que aparece nas páginas dos românticos dirige-se a uma idealização, a uma mulher perfeita, freqüentemente casada ou morta, como se vê nos contos de fadas, especialmente em *A Branca de Neve e os sete anões* e em *A Bela Adormecida*.

O amor trágico da ficção, dirigido a uma mulher casada, também provocava a morte na vida real. O romance *Desventuras do jovem Werther*, escrito pelo alemão Johann Goethe, levou centenas de rapazes europeus a imitar o protagonista, que se suicida por amar uma mulher proibida.

O século XX só viu chegar uma nova forma de amor após a Revolução Feminista, que irrompeu na década de 1960. Antes disso, homens e mulheres continuaram a se casar e a constituir família. O amor romântico podia ser encontrado no cinema, especialmente no de Hollywood, e muitas vezes era reproduzido na vida real, mas raramente tinha oportunidade de chegar ao altar.

É preciso não esquecer que o casamento e a transmissão de títulos, fortuna e poder político (que prevaleceram até anos recentes e, ainda hoje, é um modelo de união notório em alguns estratos sociais) nunca se deram bem com o amor romântico, ao contrário, era um obstáculo, porque os jovens apaixonados, quase sempre, punham em risco os valores culturais. "Nós contra o mundo" era o modo como os enamorados enxergavam sua condição.

Na primeira metade do último século, as moças casadoiras aprendiam como deveriam comportar-se para conseguir um bom partido. Entre os requisitos, ser boa dona-de-casa, ser recatada e preservar a virgindade eram fundamentais. Já os rapazes tinham por modelos os heróis dos gibis: Super-Homem, Fantasma e Capitão Marvel. As noivas deles, respectivamente Lois Lane, Diana e Narda, apareciam como jovens belas, fiéis e assexuadas.

Havia literatura também para as jovens. Elas eram adeptas do romance cor-de-rosa e das fotonovelas, que apresentavam histórias açucaradas e reforçavam os valores descritos anteriormente. Grande parte das que se casavam, em pouco tempo, estava frustrada. Porém, continuavam em frente, porque esse era o modelo de união valorizado e elas tinham vantagens sociais que perderiam se desfizessem o contrato. Mulheres separadas eram vistas como piores que rameiras. Assim, a vida seguia seu rumo predeterminado.

Tal situação durou até o dia em que as mulheres começaram a lutar por mais direitos e, sobretudo, quando ingressaram no mercado de trabalho, aberto para elas quando os homens tiveram de ir para a guerra de 1939-1945. Com mais consciência, perceberam que eram tão competentes quanto eles e que, portanto, mereciam ser tratadas com igualdade. Essas "batalhas" culminaram no feminismo, movimento fortemente sustentado pelo acesso à pílula anticoncepcional, que liberou as mulheres para o exercício da sexualidade.

Aquela geração não lutava apenas por liberdade e igualdade de direitos. Uma parte bastante representativa das feministas queria também preservar a segurança do casamento, e outras o direito de permanecer solteiras e de se relacionar com quem lhes interessasse. Muitas passaram a valorizar mais o amor e menos a recompensa social, que agradava tanto às suas avós e mães.

Curiosamente, nessa fase, a literatura – tão presente nos movimentos culturais anteriores – cedeu espaço à música popular, que refletia em suas letras os anseios das novas mulheres. E dos novos homens também, forjados à sombra do movimento *beatnik*, do *rock-and-roll*, do iê-iê-iê e da música romântica. Os Estados Unidos foram o maior propagador do *jazz*, do *soul* e do *blues*, que retratam sentimentos fortes: fascinação, amor desvairado, paixão, dor-de-cotovelo e desespero. No Brasil, o samba-canção, a bossa nova e o bolero cumpriram esse papel.

Essa fase foi curta. Durou até os anos 1980. A partir do final dessa década, o capitalismo obteve seu maior triunfo e, sob a influência da globalização, tanto os homens quanto as mulheres passaram a investir a maior parte de seu tempo na busca de aquisições materiais. "Compre seu apartamento! Faça sua poupança! No futuro, ninguém vai apoiar a pessoa abandonada, neurótica e chata que você se tornará! Os filhos terão a vida deles: por isso, viva a sua!" Essas são as mensagens claras e subliminares de um mundo que se tornou cada vez mais individualista.

A maior parte dos rapazes e moças, principalmente nas grandes cidades, troca seus sonhos por mercadorias e prefere o isolamento a ter de repartir seu espaço e dinheiro. Outros, mais sensíveis aos apelos do consumismo carnal, estão totalmente envolvidos com o anelo da beleza perfeita, obtida em clínicas de estética, com pagamento à vista ou em suaves prestações. A ordem geral é seduzir. E, nesse quesito, parece que nenhuma mulher, de qualquer ponto do globo, está mais preocupada em corresponder a essa exigência do que as brasileiras.[1]

Uma minoria resiste às mensagens diretas ou subliminares da propaganda e do *marketing*, preferindo empregar tempo e dinheiro na aquisição de conhecimento, na defesa de causas sociais, ecológicas e artísticas.

O amor quase sempre passa longe dessa realidade, mas pode acontecer quando menos se espera. Em movimentos que se espalham pelo mundo, via internet, as pessoas buscam seus afins e, mesmo que raramente se encontrem "de corpo presente", alimentam relacionamentos que podem durar um dia, um mês, um ano ou a vida toda.

Simplificando: todas as discussões em torno do amor podem ser resumidas em um único aspecto: a escolha entre ascese e êxtase. Ascese é um exercício espiritual para atingir a plenitude da vida moral. Êxtase é um arrebatamento íntimo, a opção pelo encanto, pelo delírio. No entanto, nos dias que correm, o êxtase tornou-se errático. Tanto pode provir de um encontro de uma noite com uma modelo deslumbrante (ou um rapaz musculoso), como de um carro esporte último tipo, da aquisição de um apartamento em um condomínio valorizado ou de uma viagem às ilhas Seychelles.

Contudo, é bom destacar que o romantismo amoroso moldou a sensibilidade humana e ainda "faz a cabeça" de muita gente. Do pon-

1. Em um programa de Oprah Winfrey, transmitido em 2007, repórteres entrevistaram mulheres solteiras, em diversos países, para saber qual era sua maior prioridade. Somente a jovem brasileira revelou que preferia um corpo perfeito a um casamento. Em 2008, em pesquisa realizada nos EUA, onde a maioria é guardiã, mulheres confessaram que o casamento era muito importante e que, para preservá-lo, preferiam casar-se com homens feios.

to de vista da psicologia, pode-se atribuir aos românticos de hoje o "rótulo" de idealistas. Eles formam uma pequena multidão que anseia por relacionamentos plenos de magia, intensidade e doação. Todos os idealistas ouvidos para este livro confessaram que, quando jovens, teriam sido capazes de morrer por um grande amor ou de se retirar da vida comum caso o perdessem.

Esse tipo arrebatado, embora raro, pode ser identificado – desde que se tenha o cuidado de despojá-lo do *merchandising* e dos modismos que os produtores jogaram sobre ele – no seriado *Sex and the city*. É personificado pela escritora e jornalista Carrie (a narradora da série), que nutre um amor quase obsessivo por Mr. Big, homem que não faz, como a maioria, concessões ao derramamento sentimental. Carrie recusou uma viagem com ele ao Caribe somente porque Big nunca lhe dissera que a amava. Com Carrie convivem as amigas Samantha, Charlotte e Miranda: a primeira, uma relações-públicas; a segunda, uma comerciante de antigüidades; e a terceira, uma advogada.

As personagens são pessoas muito diferentes umas das outras, mas representam de forma perfeita os quatro temperamentos universais e seus valores. A fogosa Samantha poderia ser qualquer jovem liberada, na faixa dos trinta anos, que se encanta com belos corpos (o amor de Eros); ela é a hedonista do grupo e não faz rodeios para ir para a cama com quem lhe agrade. Charlotte (guardiã) é o exemplo perfeito da *philia*, ou amor baseado em interesses comuns. Prática, ela somente topa ir para a cama com um admirador se ele corresponder ao seu figurino moral e se houver uma possibilidade de casamento. Um episódio focado nessa personagem evidencia o espírito prático e interesseiro dos guardiães. Quando um vizinho muito útil e habilidoso (sabia fazer qualquer conserto em casa) lhe contou que iria se mudar, Charlotte se empenhou em fazê-lo mudar de idéia. Miranda (cerebral) é a mais independente das quatro. Ela teve um filho solteira e levou bastante tempo para contar o fato ao pai do garoto.

O fim da série não poderia ter sido mais coerente. Charlotte noivou, casou-se no civil e no religioso e fez tratamento para engravidar, porque em casamentos de pessoas guardiãs filhos são indispensáveis. A idealista Carrie, desiludida com todos os homens com quem se relacionou, continuava a pensar em Mr. Big, seu amor idealizado. Viajou para Paris para se curar e, na "cidade luz", reencontrou seu eleito, que a levou de volta para Nova York. O mesmo fez Miranda em relação ao pai de seu filho. Racionalmente, ela decidiu que deveria pelo menos fazer a experiência de morarem juntos. O casal mudou-se para o Brooklyn, onde as casas são maiores e os aluguéis mais baratos. Por fim, a hedonista Samantha terminou com um lindo jovem, mas aberta para todas as possibilidades de relacionamento.

Essas quatro personagens, embora sejam todas mulheres, servem de balizas para entender perspectivas (visão de mundo), interesses, valores e escolhas de pessoas dos dois gêneros (independentemente de orientação sexual), principalmente no hemisfério ocidental. Quando terminei de escrever este livro, anunciava-se o lançamento do filme *Sex and the city* em circuito mundial, por isso não sei se foi fiel à dramaturgia da série. Nas páginas desta obra, cito outros personagens, celebridades, personalidades e pessoas "comuns" com os mesmos arquétipos.

NOTAS

O AMOR É MASCULINO?

"Eros é o amor personificado", afirma Junito de Souza Brandão, na abertura de seu estudo sobre o mito de Eros e Psiquê. O notável professor de língua e cultura gregas informa também que, "em grego, *éros*, do verbo *érasthai*, significa 'desejar ardentemente' ou o 'desejo incoercível dos sentidos'. Em indo-europeu, tem-se o elemento (*e) *rem*, 'comprazer-se', 'deleitar-se', com o qual talvez se possa fazer uma aproximação" (Brandão, 1997, p. 209). Entretanto, na Grécia Antiga, havia divergências. Hesíodo, por exemplo, apresenta Eros na *Teogonia* como uma força primitiva, que surgiu com o mundo. Ele é descrito como o mais belo dos deuses imortais, "aquele que rompe os membros tanto dos deuses como de todos os homens e doma o coração no peito e o espírito e a vontade sábia". É esse Eros que lastreia toda a teoria freudiana, dele derivan-

do as expressões "erotismo", "qualidades eróticas", "erógeno" etc. O Eros freudiano é preponderantemente ligado à libido, e, desse ponto de vista, o amor seria masculino.
Platão, por sua vez, interpretou Eros e o amor de uma forma "espiritual"; nesse caso, ele só é possível entre pessoas do mesmo sexo. O amor entre o homem e a mulher, no conceito platônico, é sobretudo físico e inferior. O primeiro seria inspirado por Eros, e o segundo, por Afrodite.
Autoras feministas, como Ginette Paris, não aceitam que o filho de Afrodite assuma o lugar da mãe, ela sim a verdadeira encarnação do Amor. Diz G. Paris (1989, p. 123):

> Por que falar de Eros quando se trata de Afrodite? Por que masculinizar a figura divina do Amor? Por que Freud ignorou Afrodite em favor de Eros? Devemos relacionar sua preferência pelo mito de Eros à sua declaração de que a 'libido é masculina'? E se a libido é masculina numa psicologia dominada pelo mito de Eros, estaria certo o raciocínio inverso? Numa psicologia em que Afrodite desempenhasse seu verdadeiro papel, poderia a energia sexual tornar-se feminina, novamente?

Um dos mais importantes pesquisadores da psicologia arquetípica, James Hillman (1995, p. 138-9), citando personagens e personalidades como Cupido, Adônis, Krishna, Buda, Tamuz e Jesus, assegura que Eros é masculino:

> O princípio de Eros é ativo e determinado: prega, ensina, viaja, leva almas à redenção ou heróis e homens ao abraço fatídico ou finca suas flechas na carne – o amor é façanha e poder masculinos. Produz efeitos no mundo e na psique... Eros permanece em todos os contextos, cristãos ou não, como um dínamo criador espiritual, um impulsionador por excelência.

Entretanto, Hillman reconhece distinções: há pessoas com muito Eros ("compulsão sexual ou Eros cosmogênico") e pouco sentimento, ou com sentimento diferenciado e pouco Eros. Conforme Hillman, "os amantes podem unir-se sem nenhum sentimento; Eros basta para criar toda espécie de progênie, formar unidades simbólicas com toda espécie de opostos. **Por outro lado, o 'sentidor' charmoso, ou o introvertido que 'sente profundamente', podem estar longe de serem impulsionados pelo arquétipo de Eros"** (grifo da autora).

Meretriz, cortesã, prostituta

Existem diferenças conceituais entre meretriz, prostituta e cortesã. A meretriz, na conceituação antiga, era uma mulher livre que seduzia e tanto podia aceitar como rejeitar a corte de um homem; raramente, entregava-se por dinheiro, embora aceitasse presentes caros. Já a prostituta faz do sexo profissão, e a cortesã sempre foi um tipo refinado de prostituta, entendendo-se por refinamento cultura, inteligência e classe. Hoje, nas grandes metrópoles, a prostituição de luxo é uma profissão bem cotada no mercado. As "deusas" do sexo, geralmente, são jovens lindas e profissionalmente competentes. Uma parcela razoável é casada e contribui para as despesas domésticas. Em resumo: elas deixaram de ser marginais ou coitadas.

3 Hedonistas, parceiros no prazer

Não seria errado afirmar que o lema dos hedonistas é "comer, beber, transar (ou qualquer verbo relacionado ao prazer) e ser feliz". Esses grandes amantes das coisas boas da vida (e da própria vida) são essencialmente sensoriais. Isso quer dizer que têm sentidos aguçados para perceber o que se passa à volta deles e para tirar o melhor proveito do que lhes agrada. Eles são oportunistas no sentido geral do termo e muito mais espertos do que os outros temperamentos para notar chances de se darem bem, de desfrutarem dos prazeres de um momento ou de uma situação, de usufruir, em resumo. Para eles, somente o prazer justifica viver, trabalhar, conviver, participar.

Os hedonistas podem ser tidos por outros temperamentos como egoístas ou irresponsáveis. Aliás, é até comum encontrar quem os julgue assim. No entanto, não há quem não se encante com sua espontaneidade, quem não admire seu senso de humor, seu otimismo e sua autoconfiança.

Esse grupo, que corresponde a cerca de 35%-40% da população mundial, e que predomina no Brasil, pode ser facilmente identificado por duas palavras: aventura e celebração. O termo aventura já indica, de cara, sua forma favorita de "estar no mundo": experimentando e correndo riscos. Celebração sugere a forma preferida de viver o dia-a-dia: comemorando cada acontecimento prazeroso, por mais insignificante que possa parecer para os outros temperamentos, como uma "pelada" na várzea, o *happy hour*, uma aula na academia de ginástica ou "bundando", como explicou uma das entrevistadas para este livro.

Hedonistas

Perfil	Otimistas e mutantes. Apaixonam-se e separam-se facilmente.
Buscam	Movimento, ação, novidades, desafios.
Visão de mundo	A vida é para ser vivida, desfrutada.
Estilo	Ousados, têm percepção rápida e expediente; bons negociadores.
Tempo favorito	Vivem no presente.
Problemas com	Compromissos de longo prazo, disciplina, frustração.
Vantagens	Corajosos, sabem lidar com situações inesperadas.
Essencial	Ter liberdade para decidir e agir. Viver de forma prazerosa.

Algumas pessoas são extrovertidas (voltadas para o mundo exterior) e outras introvertidas (mais focadas no mundo interior), e isso faz grande diferença no estilo de celebração. Os tipos extrovertidos são mais barulhentos, interagem com todo tipo de gente, e em uma festa procuram ser o centro das atenções. Os introvertidos se divertem em grupos menores e nem sempre contam as mesmas piadas picantes que os extrovertidos. Mesmo assim, gostam de confraternizar e dos prazeres da vida, sejam comida, bebida, sexo, esportes, carros, roupas da moda, viagens, cremes de beleza, tratamentos estéticos e festas, muitas festas.

Para homens hedonistas, as mulheres são sempre encantadoras. Podem passar a vida colecionando namoradas ou parceiras, sem nunca se casar, mas quase sempre se casam e podem separar-se inúmeras vezes: quando o prazer da relação acaba, quando a lista de problemas se torna maior que a de compensações ou quando alguém mais "apetitoso" aparece em seu caminho.

Entre as mulheres hedonistas, não é tão simples assim, principalmente se pertencerem ao grupo das sentimentais. Não que não existam hedonistas masculinos sentimentais; eles existem e até em número bastante expressivo: grande parte dos atores de Hollywood ou da televisão brasileira se encaixa nesse grupo. No entanto, o grande diferencial entre homens e mulheres é o condicionamento cultural que elas sofreram, ao longo dos milênios, para que levassem em conta os sentimentos alheios, além da discriminação de que foram vítimas quando se comportavam fora das normas, como ao praticar sexo sem serem casadas. Esses padrões, por força da repetição, ficaram arraigados, o que talvez explique o fato de muitas mulheres hedonistas conservarem uma relação quando esta já perdeu o encanto ou quando os parceiros são infiéis ou violentos.

Hedonistas pensadoras (que utilizam raciocínio lógico para tomar decisões) são mais parecidas com os homens. Geralmente, assumem as rédeas de um relacionamento e o conduzem até o ponto em que os "defeitos" do eleito ultrapassem as qualidades que elas admiram. Quando o parceiro deixa de corresponder às expectativas, preferem trocá-lo por outro. Como grande parte dos hedonistas é composta por pessoas que adoram *flashes*, pódios, palcos e holofotes (incluem-se aqui não apenas artistas do *show business*, como atores, músicos e cantores, mas também esportistas, artistas plásticos, modelos fotográficos ou de passarelas, cineastas, organizadores de eventos, repórteres, publicitários, políticos, alguns escritores, profissionais de *marketing* e vendas, lobistas etc.), é muito fácil encontrarem novos amores, tanto para um jogo amoroso como para uma "aventura às escuras" ou para o descanso em uma rede, numa casa à beira-mar, "enquanto houver amor". Aqueles versos de Vinícius de Moraes (1964, "Soneto de fidelidade"): "que não seja imortal, posto que é chama, mas que seja infinito enquanto dure" traduzem muito bem a forma preferida de os hedonistas se relacionarem, salvo as exceções de praxe.

Eles precisam ser constantemente estimulados, e, nesse caso, os desafios e a novidade representam o melhor combustível para alimentar sua inesgotável energia para a aventura. Adoram correr riscos, mudando de cidade e país, comprando um negócio falido para fazê-lo prosperar, vendendo um negócio próspero porque deixou de ser fonte de prazer, aventurando-se em uma escalada por montanhas escarpadas, fazendo *rafting*, navegando por mares incertos, roubando a mulher do melhor amigo ou caindo na cama com a primeira desconhecida que seduzirem.

Se sai para "caçar", o hedonista raramente ou nunca o faz tendo em vista um relacionamento para toda a vida. É mais comum que se atire nos braços de outrem, de forma impulsiva, brincalhona e bastante generosa. Eles se dão tanto ao outro que, dependendo do temperamento, o parceiro poderá interpretar tamanha generosidade como paixão, e até como amor. Mas, depois, surpreende-se, porque aquela pessoa que parecia tão envolvida desaparece sem deixar vestígios. Quando os hedonistas se percebem apaixonados, lutam para escapar da "teia" do casamento ou da união estável. Em tais situações, preferem fugir ou ficar em silêncio, esperando que a paixão se esgote ou que a outra pessoa se afaste.

Comprovadamente, o maior estímulo dos hedonistas para viver provém da energia sexual e do interesse em parecer *sexies*, ousados, energéticos e corajosos para os outros. Apreciadores de *flashes*, preocupam-se bastante com o corpo: são os que mais freqüentam academias de ginástica e clínicas de estética e os que mais consomem moda e artigos de luxo, descartáveis quase sempre, sejam mansões (geralmente alugadas), carros esportivos, iates e lugares da moda. Os extrovertidos adoram que cabeças se voltem para olhá-los quando entram em festas, restaurantes, *points*, ou quando passam pelas praias, passarelas, ruas e outros locais públicos. Mulheres ou homens estão entre seus assuntos favoritos, junto com entretenimento, carros, moda, esportes, festas, baladas, *shows* etc.

Expressões poéticas podem sair facilmente da boca deles, mas nem sempre serão sinceras. Deve-se acreditar mais quando exprimem seu interesse utilizando palavras comuns e até chulas. Quase sempre hedonistas sentem-se desconfortáveis diante de mulheres românticas ou de "alma" delicada, preferindo muito mais as "cachorras". Para eles, roupas reveladoras, olhares e gestos provocantes, assim como filmes eróticos, são combustíveis bem mais interessantes do que poesia. E, quando lançam mão dela para impressionar, optam por versos que enaltecem os atributos físicos da musa. Mas eles também podem surpreender, fazendo declarações de amor bombásticas.

Três hedonistas que entrevistei contaram-me que se declararam por meio de *outdoors* estrategicamente posicionados no trajeto para a casa da "amada". Conheci muitos que contratam menestréis para serenatas, outros que gostam de dar presentes caros – jóias, automóveis e viagens ao exterior – e ficam felizes com os comentários elogiosos das namoradas, de parentes e de vizinhos sobre sua generosidade. Mulheres podem não gastar tanto quanto eles, mas são igualmente pródigas e poderão comprometer o salário para lhes comprar uma raquete de tênis de grife, um instrumento musical caro ou o melhor som para o carro.

Quando estão apaixonados por pessoas de temperamento diferente do seu, comportam-se como camaleões, parecendo ser mais responsáveis para os guardiães, mais espiritualizados para os idealistas e mais cultos para os cerebrais. Isso não significa embuste, mas uma real necessidade de agradar. Logicamente, o que não tem consistência acaba desmoronando, e em pouco tempo são "desmascarados" pelos parceiros.

Se decidem levar um relacionamento adiante, comunicam seu intento sem receio de ouvir um "não". Quase sempre são muito otimistas e têm auto-estima desenvolvida, fatores que alimentam sua autoconfiança.

O período de namoro e noivado costuma ser curto, principalmente entre os tipos pensadores. Afinal, hedonistas são homens e mulheres de ação; não querem perder tempo com burocracia. Porém, a precipitação costuma cobrar seu preço. O casal não tem tempo de se conhecer melhor e, com freqüência, percebe logo que a união foi um erro. Como hedonistas detestam sofrer, rompem facilmente e não demoram a encontrar outro(a) parceiro(a), com quem costumam repetir o mesmo engano.

Diferenças que contam

Os tipos sentimentais demoram mais para encerrar um relacionamento que se revelou insatisfatório. A descoberta de que houve engano na escolha pode ocorrer ainda durante o período de namoro: o parceiro descontente, muitas vezes, não tem coragem de comunicar o fato e, freqüentemente, assume um enlace. Tipos sentimentais costumam transformar-se em muletas para seus parceiros e não rompem a união por causa de um forte sentimento de culpa ou de piedade e também por dependência (o outro pode ser a muleta de que precisam para enfrentar a vida).

Os hedonistas introvertidos são de mais fácil convivência. Geralmente, pessoas introvertidas, não importa o temperamento, são mais reflexivas, menos sociáveis (não jogam para a torcida) e mais profundas. Os introvertidos, quase sempre, têm menos envolvimentos sexuais. Não porque sejam menos fogosos, mas porque têm interesses variados e quando escolhem uma profissão ou um *hobby* dedicam a eles muito tempo do seu dia.

O objetivo dos hedonistas, em geral, é tornarem-se virtuoses em suas áreas preferidas. Os introvertidos, que com freqüência são músicos, atores, cineastas, dramaturgos, modistas, gastrônomos, artistas plásticos, artesãos, escritores etc. dedicam-se muito à sua profissão, inclusive em casa. Por ficarem mais tempo enclausurados ou envolvidos com suas atividades favoritas, prestam menos atenção ao que se passa ao seu redor. Se tiverem por parceiros pessoas com quem tenham afinidades, é quase certo que a união será duradoura, porque são menos suscetíveis à sedução e menos atirados.

Além de trabalhar duro no que gostam, os hedonistas introvertidos sentem muito prazer em cuidar de seus carros e de suas casas, ou passam muitas horas trancados em oficinas e ateliês domésticos. Se dois hedonistas introvertidos se sentirem atraídos, é bastante possível que levem o relacionamento adiante e que ele dure. A dedicação a interesses em comum (profissionais ou não) poderá ser a cola da união.

Os introvertidos pouco sentimentais, que costumam ter habilidades técnicas, gastam a maior parcela de seu tempo envolvidos com trabalhos ou *hobbies* que demandam dedicação. Entre essas atividades, destacam-se os esportes: alpinismo, automobilismo, skatismo, vôo livre, *rafting*, *motocross*, surfe e correlatos. Mesmo sendo mais calados que os extrovertidos, conquistam as pessoas facilmente por conta de sua coragem e ousadia.

Ainda que não cultivem um grande círculo de amigos, recebem muito bem qualquer pessoa – não em restaurantes, como é próprio dos extrovertidos, mas em casas bem decoradas, geralmente com obras produzidas por eles mesmos. Na mesa de jantar sempre há fartura e variedade. Hedonistas têm na generosidade uma de suas maiores qualidades.

Ao longo da história, pessoas de temperamento hedonista olharam para as cerimônias formais com desdém, inclusive o casamento. Mas, atualmente, quando se casam no civil e no religioso, por livre opção ou para agradar à família, fazem questão de pompa e solenidade. Comportam-se, então, como os guardiães (seus tipos opostos e complementares), investindo em igreja, vestido de noiva, damas de honra, música, fotos e filmagem, além de festa com muita bebida e som. Para eles, a cerimônia é um espetáculo do qual são os protagonistas.

Depois do casamento, vem o mais difícil: a rotina e os compromissos. Grande parte das uniões de hedonistas naufraga por causa desses dois fatores. Um orçamento apertado ou a perda de emprego são decisivos para o desencanto. No entanto, se a união perdurar, os homens extrovertidos exigirão que não lhes seja cobrado horário para chegar em casa ou comparecimento a eventos familiares. Mulheres poderão romper a união se os maridos as decepcionarem ou se conhecerem alguém que lhes acene com uma promessa de maior "felicidade".

Por um curto espaço de tempo, é bastante provável que conduzam uma relação paralela, principalmente os homens, pois dificilmente resistem a uma mulher sedutora. Se a parceira descobrir, eles negarão o fato. Se ela o confirmar, preferirão que decida o que fazer. Quando ela não decide e se torna lamurienta, o homem pode até partir para a violência. A maioria dos registros de queixas contra maridos ou companheiros espancadores se refere a homens hedonistas.

Exemplos bastante claros encontram-se entre os boxeadores, os atores e os jogadores de futebol, mas também podem ser encontrados nas artes mais finas. Casais de artistas, como Frida Kahlo e Diego Rivera, bem como astros do cinema – geralmente os casais de Hollywood e de outros centros cinematográficos são formados por pares hedonistas – costumam trocar sopapos dentro de casa e até em locais públicos, e não apenas por causa de ciúme e traições. Richard Burton e Elizabeth Taylor, apesar de se amarem a ponto de se casarem duas vezes, tinham sua vida exposta semanalmente na imprensa por conta de muitas brigas, movidas a álcool, e de reconciliações promovidas por enormes diamantes.

Um fator determinante para brigas entre hedonistas pode ser a diversidade de uso das funções mentais de análise e tomada de decisão. Já foi dito, várias vezes, que decisões podem ser tomadas de forma lógica ou acionando os sentimentos. Geralmente, sentimentais são mais tolerantes, mais pacientes e mais compreensivos, enquanto os lógicos são mais frios, mais agressivos e independentes.

Novamente, o *show business* pode nos fornecer ótimos exemplos. Compare-se o hedonista sentimental Elvis Presley com o hedonista pensador Axl Rose. Ou então o romântico Ray Charles com o "sátiro" Mick Jagger.[2] Em 1968, ano em que ressurgiu das cinzas, Elvis fez um *show* para a televisão que batizou de *If I can dream* (Se eu puder sonhar). Embora lançado como "protesto", o cantor pedia a paz entre os homens, a exemplo do que faria, logo depois, John Lennon com *Imagine*. Em contraposição, Axl Rose fez sucesso com o álbum *Appetite for destruction* e os Rolling Stones com *Sympathy for the devil*.

2. Os hedonistas vivem em guerra contra os costumes. Em entrevista à revista *Rolling Stone*, em 1971, Lennon afirmou que considerava humilhante ter de conviver com pessoas do poder, como aconteceu durante a filmagem de *Help*, quando foram insultados "por todos aqueles malditos e cadelas de classe média empapuçados, comentando nosso trabalho e nossos modos". Hedonistas são muito críticos: na mesma entrevista, Lennon comentou que Jagger era ridículo com "aquela dança de veado".

O romântico Elvis vivia uma fase de instabilidade emocional, após o término de seu casamento com Priscila, namorada do final da adolescência, que simbolizava a princesinha ideal. Relações esporádicas com belas mulheres não conseguiram devolver-lhe a ilusão do ninho perdido. Durante os *shows*, seu comportamento era alegre e, até certo ponto, bufão, além de transmitir virilidade, encanto e energia. As mulheres deliravam na platéia, queriam ser tocadas, receber uma *écharpe*, um lenço ou a capa de seu macacão brega.

Sua vida "amorosa" se resumia a eventuais contatos físicos e ele passou a consumir drogas para lidar com a solidão. Em contraposição, Jagger e Axl Rose comportaram-se de forma abusada, colecionando mulheres e bebedeiras. O grupo de Rose teve a ousadia de gravar a faixa "Rocket Queen" (do álbum citado) com gemidos de Adriana Smith, então namorada de Axl, quando os dois estavam na cama, algo impensável para alguém como Presley. Por outro lado, embora tanto os hedonistas sentimentais quanto os lógicos sejam ousados (os requebros de Elvis, hoje inocentes, foram proibidos na televisão nas décadas de 1950 e 1960), os últimos quase sempre são menos sensíveis ao desconforto dos outros e têm maior tendência à violência.

Quando uma mulher hedonista sentimental se une a um hedonista lógico – o que é bastante freqüente no mundo das celebridades – não é incomum que elas se queixem de solidão, maus-tratos e violência. Um casamento desse tipo é mostrado no filme *New York, New York* (1977), em que a doce e talentosa Francine Evans (Liza Minelli) sofre o diabo nas mãos do beberrão de maus bofes Jimmy Doyle (Robert De Niro). O filme traduz a relação delicada entre o precursor do *rock-and-roll* Johnny Cash e a cantora June Carter, filmada posteriormente.

Muitos casais como esse são encontrados na vida real. Freqüentemente, porém, a parte frágil desse par (geralmente, o tipo sentimental), em vez de reagir, como fizeram Francine Evans e June Carter, deixa-se abater, embarca na canoa furada que lhe é oferecida pelo parceiro e busca consolo na bebida e nas drogas.

Os hedonistas e seus parceiros

Já foi comentado, em outro ponto deste livro, que os relacionamentos entre iguais (ou semelhantes) nem sempre dão certo. Entre hedonistas, é difícil conciliar as preocupações naturais da vida com a busca desenfreada de prazer. Essa descompensação faz que busquem viver de forma leve, com o mínimo de contrariedades e problemas.

Pouco se importam com comentários alheios e aceitam críticas, inclusive dos amigos e parceiros, com bom humor e tolerância. Para evitar brigas com cônjuges, passam a maior parte do tempo fora de casa.

Quando o casamento é feliz (geralmente, nos primeiros anos), um casal hedonista extrai grande prazer da convivência. Se ganharem dinheiro facilmente (e isso é comum entre os hedonistas competitivos), gastarão com prodigalidade, não se privando de nada que considerem prazeroso. Essa predisposição talvez seja a maior fonte de conflitos entre casais hedonistas. Eles temem que o(a) parceiro(a) seja objeto de desejo de outro(a). O par se vigia mutuamente e não é raro darem espetáculo público de acusações, lavagem de roupa suja e confissões íntimas. Todos conhecemos casais que vivem dessa maneira: artistas e celebridades aparecem quase todo dia nas revistas de fofocas e nos programas de televisão vespertinos fazendo desabafos.

Contudo, também nesse aspecto há exceções. Entre elas, cito os casais Joanne Woodward e Paul Newman, John Lennon e Yoko Ono, Federico Fellini e Giulietta Masina (ver nota ao fim do capítulo), que viveram em harmonia. A explicação pode estar no fato de serem pessoas introvertidas, menos inclinadas ao convívio amplo e irrestrito e, principalmente, mais discretas e seletivas em relação a quem podia ser admitido na intimidade de seus lares.

O relacionamento de Lennon e Yoko não foi tão tranqüilo quanto o de Newman e Joanne ou o de Fellini e Giulietta, até porque Lennon era um ídolo *pop*. Embora os fãs e a mídia tenham execrado a artista plástica japonesa, ela deu uma nova finalidade à vida dele. Em 1969, quando se conheceram, John era um ávido consumidor de LSD e vivia uma rotina burguesa com Cynthia (com quem se casara por estar grávida). Yoko, que havia nascido em um país conservador, o Japão, era uma mulher madura e liberada que tomou as rédeas do relacionamento. Houve quem os comparasse a Abelardo e Heloísa (casal francês, que deixou nome na história por conta da intolerância do preceptor de Heloísa, que os separou), mas a comparação não se aplica.

O fato é que Yoko e Lennon se reconheceram ao descobrir que falavam a mesma língua. Ela somente ficou chocada quando soube que seu escolhido havia dormido com centenas de mulheres durante a vida *on the road*, quando o assédio das *groupies* era difícil de driblar. "Era como Satyricon", revelou Lennon à revista *Rolling Stone*, na já citada e célebre entrevista. Yoko comentou: "Fiquei surpresa. Eu realmente não sabia de coisas assim". (Leia o quadro Parceria perfeita, ao fim do capítulo).

A ingenuidade das hedonistas sentimentais quase nunca é mera pose. Elas costumam ser sinceras, inocentes e apaixonadas como as princesinhas dos contos de fadas. Sonham em encontrar um homem igual a elas (o que é muito raro) e ser felizes para sempre. Conheci inúmeras jovens do tipo, bastante comum no Brasil, e também rapazes (o que espantou a maioria dos meus colegas que estudam temperamentos, pois esse tipo é pouco encontrado entre homens na maioria dos países), que apostaram mais de uma vez nesse roteiro de telenovela. À exceção de alguns pouco pares, como os casais introvertidos citados, conheci na vida prática poucos casais hedonistas sentimentais que permaneceram juntos por muito tempo. Os sentimentais extrovertidos têm pouca tolerância à dor, à miséria e à falta de alegria. Em situações adversas, entram em depressão facilmente e se separam.

Complementaridade ideal

Hedonistas costumam dar-se bem com o temperamento complementar, os guardiães, porque ambos operam no mesmo mundo (são concretos e sensoriais), mas lidam de forma diferente com ele. Enquanto os hedonistas gostam de desfrutar dos prazeres que a vida oferece, os guardiães preferem trabalhar e acumular bens.

Os hedonistas trabalham duro somente quando a atividade é prazerosa, mesmo que não seja rentável financeiramente (para desgosto dos pais, geralmente guardiães). Já os guardiães trabalham muito, mesmo em atividades de que não gostam. E, em vez de gastar, preferem economizar e formar um patrimônio, sem se privar do que é realmente bom. Para melhor compreender a dicotomia "torrar ou acumular", é suficiente lembrar da fábula *A cigarra e a formiga*. Hedonistas são cigarras: adoram o verão, que passam cantando; enquanto formigas trabalham todos os dias, do nascer ao pôr do sol, e se preparam para o inverno.

Homens guardiães geralmente se encantam por mulheres hedonistas, porque elas costumam ser coquetes, femininas, espontâneas, alegres e bastante espertas. Um exemplo eloqüente foi Marilyn Monroe. Que homem não se deixaria seduzir pela loura mais *sexy* do cinema? Até os guardiães John e Bob Kennedy passaram pela cama dela. Se foi infeliz, não vem ao caso; isso talvez se explique pela falta de estrutura psicológica que a menina órfã e desprotegida que ela foi levou para a vida adulta. Elas podem, no entanto, dar-se muito bem se forem bem resolvidas. Um exemplo? Leila Diniz, que representou no imaginário masculino todas as mulheres do mundo.

A televisão e as passarelas da moda, onde pululam jovens hedonistas, comprovam que elas costumam atrair homens guardiães. A beleza é, cada vez mais, uma valiosa moeda de troca. Ao longo dos milênios, os ricos e poderosos puderam desfrutar – ou se casar – com as mulheres mais atraentes de sua época, porque o interesse era (e ainda é) mútuo. A grande beleza atrai pessoas com grandes fortunas, assim como gente belíssima aprecia os muito ricos.

Mais um exemplo do cinema confirma essa afirmação: a encantadora atriz Grace Kelly casou-se com Rainier (um guardião) de Mônaco e virou princesa. Na vida menos glamorosa, muitas bonequinhas de luxo proletárias atraem para maridos os provedores e protetores guardiães. É claro que o oposto também acontece. A "proprietária" princesa Margaret, da Inglaterra, casou-se com um fotógrafo, lorde Snowdon, e, assim como ela, milhões de mulheres em todo o mundo escolhem para maridos homens hedonistas. Elas se sentem realizadas, sendo, muitas vezes, a cabeça do casal (caso de Margaret Thatcher) ou a mãezona de um homem, já que os hedonistas demoram para amadurecer. Esse foi o caso de Rose Kennedy, que se casou com o aventureiro Joseph Kennedy, ou ainda Camilla Parker-Bowles, a cúmplice do príncipe inglês Charles.

Há psicólogos que encontram motivos bastante razoáveis para que uniões entre hedonistas e guardiães dêem certo: aqueles, com seu jeito alegre, divertido e focado no prazer, são um contraponto para o pesado dia-a-dia dos guardiães, os mais disciplinados dentre todos os temperamentos. "Conviver com um hedonista é como tirar férias ao fim de um dia de trabalho", observou David Keirsey em sua obra *Please understand me II* (1998, p. 215).

O casamento pode durar se o cônjuge guardião tolerar o modo peculiar do parceiro hedonista e não exigir que ele se comporte como a maioria dos maridos e esposas. No caso dos homens, não cobrando das mulheres dedicação exclusiva ao lar, refeições bem-feitas e na hora certa, recato social etc. No caso das mulheres, não exigindo que os maridos retornem para casa em horários esquematizados, que assumam parte da responsabilidade pela educação dos filhos, nem que se matem de trabalhar para ganhar dinheiro, para que a família atinja *status* social elevado ou para formar um patrimônio sólido.

Desfrutar o presente

Para hedonistas, o tempo, o dinheiro e o sexo existem para serem desfrutados. Por essa razão, não é raro que enfrentem altos e baixos ao longo da vida. Períodos de vacas gordas alternam-se com épocas de vacas magras, mesmo entre os solteiros. Pessoas hedonistas vivem o presente; o futuro é uma mera possibilidade. Se têm dinheiro, tratam de gastá-lo logo com carrões, roupas da moda, restaurantes, viagens, *gadgets* e cosméticos. Se a situação econômica apertar, vendem tudo ou recorrem aos pais, acreditando que logo se recuperarão e comprarão coisas ainda mais estonteantes. Isso significa recomeçar a vida inúmeras vezes, mesmo quando idosos e com nova(o) parceira(o). Como já sabemos, hedonistas não temem correr riscos, são os mais aptos a viver "na corda bamba", adoram aventuras e têm horror à rotina e à vida planejada.

Embora costumem ser bons amantes, nem sempre são bons maridos e boas esposas. Tanto os homens como as mulheres prezam amizades e são capazes de passar horas conversando em um barzinho ou em torno de mesas de jogo. Maria Luísa[3] contou que era casada com Osvaldo, um sujeito encantador, embora tivesse "falta de juízo". Ela agüentou até a noite em que, com o filho ardendo em febre, pediu-lhe que fosse até a farmácia. No caminho, o marido passou pelo bar onde se reuniam os amigos. Entrou, tomou um aperitivo, começou a conversar e só se lembrou do remédio quando a esposa o puxou pelo colarinho e, na frente de todos, o desancou pela irresponsabilidade. O casamento acabou ali mesmo. Porém, Osvaldo se recuperou logo. Levou suas tralhas para a casa da vizinha e Maria Luísa, injuriada, mudou de prédio.

Mais inacreditável foi o que aconteceu com Maria Helena. Casada com um lobista de sucesso, mãe de três filhos, teve o desgosto de receber na maternidade, depois do parto da terceira criança, a visita da mais nova namorada de seu marido. Haviam se conhecido um mês antes, e ele só estava esperando a esposa se recuperar para se mudar para a casa da outra. Quando saiu do hospital, Maria Helena encontrou um presente em casa: a geladeira *frost free* último tipo com que vinha sonhando havia meses.

3. Os nomes reais foram trocados para não causar embaraço aos envolvidos.

Existe também o reverso. Lúcia jamais estava em casa quando Pedro, também hedonista, chegava do trabalho. O jantar nunca estava à sua espera. Ele não se importava. Pilotava o fogão se tinha vontade ou pedia pizza por telefone. Enquanto isso, ela se divertia jogando pôquer com as amigas. Ele agüentou firme até o dia em que ela estourou a poupança e o cartão de crédito.

Guardiães sabem lidar bem com hedonistas. Quando casados, logo percebem que deverão cuidar das finanças e cortar as asas do parceiro gastador com muito tato. Em alguns casos, o marido ou a mulher precisa confiscar o cartão de crédito do hedonista e até a conta bancária, porque eles têm pouco senso de poupança. Foi o que fez Sérgio, um engenheiro internacional, que passava longo tempo viajando a trabalho. Ele quase teve uma síncope quando descobriu que a esposa gastava seu salário – que a empresa depositava mensalmente em conta conjunta – na joalheria, enquanto ele se esfalfava em terras distantes e neutralizava a solidão e a saudade fazendo planos de viajar com a família quando retornasse.

Outras possibilidades

Não somente os guardiães são seduzidos por hedonistas. Os idealistas (sentimentais intuitivos) – embora diametralmente opostos, porque são altruístas, enquanto os hedonistas tendem mais ao egoísmo – também se deixam encantar por eles (e vice-versa). Opostos são sempre encantadores, porque possuem aquilo que em nós é escasso ou ausente.

O grande erro dos idealistas está em projetar nos hedonistas sua alma de poeta ou de espiritualista. Idealistas se preocupam muito mais com conteúdo do que com forma, com beleza interior em lugar de beleza exterior, com aquisições não-materiais (conhecimento, cultura, auto-realização, transcendência, sonhos) em vez de aventura, gastronomia, clínicas de estética e *sexshops*; ou seja, os dois grupos têm expectativas difíceis de conciliar.

Uniões entre hedonistas e idealistas são raras e, quando acontecem, não costumam durar. Um par histórico foi formado pelo aviador Charles Lindbergh, um hedonista pensador, e a idealista Anne Morrow. Por conta de sua sensibilidade e vontade de agradar ao marido, Anne chegou a aprender a pilotar, pois Lindbergh desejava que ela se tornasse sua companheira de aventuras. O esforço não valeu a pena. O casamento acabou quando Anne percebeu que estava renunciando à sua integridade e se anulando para ser aceita por um marido egoísta. Como freqüentemente ocorre, após a lua-de-mel, ela constatou que se sentira atraída e se casara com o tipo contrário do seu e que a atração, por si só, não era suficiente para manter o casamento.

Um caso radical me foi contado por Marcos, um idealista. Ele se enamorou de uma prostituta, Taty, e fez de tudo para tirá-la da vida que levava. Foram morar em uma casinha térrea, com muitas obras-de-arte nas paredes e livros por toda parte. Depois de poucas semanas, ela o abandonou e voltou para a rua. Motivo alegado: ele passava grande parte das noites lendo poemas, em vez de ir com ela a um bar ou a uma danceteria. Ao deixar a casa, ela lhe jogou na cara que ele era "um porre"!

Quando se trata de viver com hedonistas, os idealistas, diferentemente dos guardiães, não precisam de parceiros que lhes dêem a ilusão das férias ao fim de um dia de trabalho, já que eles se divertem e descansam de outro modo. Muitas vezes, encaram as brincadeiras e o gosto pela celebração do hedonista como falta de juízo, vulgaridade ou superficialidade.

Outro temperamento que raramente "dá certo" com um hedonista é o cerebral. Pessoas cerebrais se caracterizam pelo uso intenso de raciocínio lógico combinado com intuição. Seu mundo favorito é constituído pelas idéias, hipóteses e teses, pelas construções mentais e estratégias. Detestam trivialidades como conversa fiada (e afiada), festas freqüentes, telenovelas, mexericos e visitas constantes a salões de beleza ou a restaurantes da moda – tudo que os hedonistas adoram.

Mesmo assim, há relacionamentos entre esses dois temperamentos que podem durar, desde que haja interesses comuns (tanto os hedonistas como os cerebrais são utilitaristas). Um exemplo bastante adequado é o par formado pelo ex-presidente norte-americano Bill Clinton e a advogada Hillary Rodham. Ambos têm como principal interesse a política e se apóiam mutuamente. O caso dele com a também hedonista Monica Lewinsky não abalou o casamento, mas Hillary ficou furiosa por ele ter se deixado enredar por uma estagiária e ter sido denunciado. "Burrice" é um defeito difícil de aceitar por uma pessoa cerebral.

Uniões entre hedonistas e cerebrais *gays* ou lésbicas são bastante comuns (mais que em outros temperamentos). Geralmente, os cerebrais – sempre competentes e profissionalmente bem-sucedidos, embora estressados – encantam-se com a energia, a alegria, o bom humor e o gosto pela celebração dos hedonistas. Quase sem exceção, os cerebrais assumem a administração do relacionamento e pagam todas as contas.

No entanto, de modo geral, hedonistas consideram muito tediosa e desgastante uma união prolongada com um(a) cerebral, embora este procure satisfazer as vontades do parceiro. Cerebrais não são estetas do comportamento, como os idealistas, e podem dar corda às possíveis "loucuras" ou extravagâncias dos hedonistas, desde que não deixem vestígios. A tolerância dos cerebrais é até digna de nota, mas os tipos julgadores não têm paciência com hedonistas barulhentos, perdulários ou aventureiros, e podem ser muito duros quando brigam ou rompem.

NOTAS

Doce como mel

Os povos antigos, principalmente os que habitavam o Mediterrâneo, como os gregos e os romanos, tinham especial apreço pelo mel, por ser muito doce. Do termo grego *hedoné* (doce) derivou a palavra hedonista. Biólogos defendem que essas populações tinham papilas gustativas altamente sensíveis. Ao rotular como hedonistas as pessoas que apreciam o prazer obtido por intermédio dos sentidos, Aristóteles justificou a escolha do termo, afirmando que "*o desejo do agradável é insaciável e se alimenta de tudo*" (grifo da autora).

Com base na constatação de Aristóteles, afirma-se que os hedonistas podem passar a vida colecionando paixões sem realmente conhecer um grande amor. A sociedade de consumo lhes oferece inúmeras opções de satisfação e reforça os apelos ao narcisismo: "Todos os seus desejos ao alcance da mão; tudo que você deseja deve se realizar; o amor é pros trouxas", como disse a psicanalista Maria Rita Kehl (1988, p. 488-9) em palestra sobre o tema. Ela reforçou que "o hábito muito excessivo dos prazeres impede o nascimento do amor". E, sabiamente, concluiu: "A intensa circulação do mercado sexual demonstra que o grande excluído não é mais o sexo, é o amor".

Beleza e encontro erótico

As mulheres aprenderam, desde cedo, que a aparência física contava muitos pontos e que a astúcia poderia vencer o poder estabelecido, exercido pelos homens.

Só não entenderam (e parece que até hoje não entendem) que o belo-erótico costuma despertar uma emoção de mesmo teor e, portanto, predisporá à fusão dos corpos. Isso, porém, não é garantia de permanência, principalmente em se tratando do elemento masculino do casal. O erotismo do homem é descontínuo, ele não aprecia o compromisso e o hábito. O encontro erótico somente será repetido se o homem encontrar nele algo mais, ou seja, se houver a cada encontro uma superação da emoção erótica anterior. Segundo depoimentos masculinos, as lembranças de um encontro erótico excepcional são muito fortes e duradouras. Elas podem ser resgatadas muitos anos depois e talvez seja por isso que as mulheres, mesmo inconscientemente, temam tanto as ex-namoradas ou ex-esposas dos homens com quem se casaram ou a quem amam.

A mulher é diferente, mesmo as jovens liberadas deste início de século. Apesar de toparem tudo, não se livraram de muitos milênios de condicionamento cultural. Homens foram continuamente estimulados a se aventurar fora do lar, a conquistar (não apenas sexualmente) e a deixar as tarefas de cuidar pessoalmente dos outros e da rotina doméstica para as mulheres. E há mais um detalhe: diferentemente dos homens, a maioria das mulheres ainda prefere cumplicidade e continuidade a encontros episódicos ou efêmeros.

O mercado do narcisismo

O apelo da propaganda que se lê e se ouve hoje é: "Seduza! Seu corpo é seu passaporte para vencer na vida. Malhe na academia, desenvolva seus músculos! Ou, então, aplique *botox*, mande siliconar os seios e os glúteos, aumente o volume dos lábios, perca vinte quilos e você se tornará imbatível!" Isso atinge não somente a ala feminina. Os homens também passaram a freqüentar clínicas de estética e academias de ginástica; o maior objetivo de muitos é se tornar metrossexuais ou übersexuais.
Mulheres hedonistas extrovertidas, jovens ou maduras, falam da vida sexual com naturalidade e adoram compartilhar confidências de alcova. Encontrei diversas que relataram o quanto se empenham para conquistar alguém que lhes agrada (às vezes, comportando-se exatamente como os sedutores desinibidos), o que está de acordo com o jeito de ser da personagem Samantha, de *Sex and the city*. Celebridades também gostam de comentar seus rolos e enroscos por meio da mídia e consideram isso natural. A cantora Ivete Sangalo revelou, via satélite, que é muito namoradeira e que, se alguém a encanta, não fica esperando, ataca.
Finalmente, notei que a neurose do sucesso pessoal, no terreno das conquistas, resume-se a corresponder ao modelo de homem ou mulher valorizado(a) no momento. A cultura do imediatismo domina a mente da maioria dos hedonistas, preocupados em corresponder aos apelos da ideologia consumista dominante. Tarefa inglória, visto que os ocupantes dos pedestais mudam ao sabor do *marketing*, curiosamente planejado e divulgado quase sempre por hedonistas.

Desejo sexual e encanto

Não se deveria estabelecer ligação entre desejo sexual e beleza, de acordo com nossos esquemas habituais e rígidos de beleza feminina. "A beleza que desperta o desejo está mais perto do 'estado de graça' e é composta mais de encanto que de conformidade a uma norma externa". Essa conclusão é da psicóloga Ginette Paris (1989, p. 45), em estudo que fez

sobre a deusa Afrodite (ou Vênus), tida na cultura ocidental como símbolo da beleza, da feminilidade e da sensualidade.
Ginette está convencida de que, para os gregos, o sexo da deusa do amor não excluía o aspecto espiritual; ao contrário, continha-o. Ela também alude à integridade como uma qualidade de Afrodite. Levando em conta tal conclusão, é lícito acreditar que a sensualidade, nos moldes de Vênus, está mais presente em mulheres sentimentais, sejam elas sensoriais ou intuitivas.
A fusão do sensual com o espiritual raramente é encontrada num deus ou em um homem, que freqüentemente apresentam disposições próprias de Dionísio. O prazer desse deus era selvagem, mais ligado ao instinto, portanto à natureza animal.
Quando o aspecto animal domina uma relação, ou o espiritual está completamente ausente, a sexualidade poderá assumir contornos de vulgaridade, quando não de exploração ou sujeição. Raras mulheres percebem esse matiz do sexo. Ou, se o percebem, escamoteiam, por medo de diferirem das outras ou por receio de serem rejeitadas pelos parceiros.
Antes da revolução sexual da década de 1960, grande número de mulheres desconhecia o erotismo recíproco e raras chegavam ao orgasmo. Em muitas culturas, o orgasmo era, e ainda é, proibido para elas. Porém, mesmo com a liberdade conquistada após a liberação dos costumes, grande parte da massa feminina, no mundo ocidental, continua presa aos padrões masculinos de sexualidade, e isso significa, em muitos casos, fingir para não decepcionar ou para não prejudicar uma relação que, para elas, é material e psicologicamente significativa.

Fellini e Giulietta: "almas gêmeas"

A ligação de dois hedonistas, para toda a vida, é um fenômeno raro. Uma exceção que confirma a regra foi a união entre um dos maiores cineastas do século XX, Federico Fellini, e a atriz Giulietta Masina. Possíveis explicações talvez estejam no olhar introspectivo de Fellini, que conseguia, em suas películas, trazer à tona o inconsciente coletivo de toda a humanidade, e o sentimento de doação (inteligência emocional ou uso intenso da função sentimento), que também Giulietta tinha em alta dose.
No prefácio da obra *Eu, Fellini*, escrita pela jornalista Charlotte Chandler, o cineasta comenta que acreditava que os sonhos eram a única realidade e se perguntava, de vez em quando: "Pode o inconsciente consumir-se?

Podem os sonhos acabar um dia?". Mas, apesar de se alimentar do mundo das sombras e da fantasia, Fellini sempre procurou viver de forma íntegra. Disse: "Nunca aprendi a viver de maneira irresponsável, embora tenha sempre me questionado" (1994, p. 17).

Giulietta também se comportava assim, apesar de ser menos introvertida que o marido e de gostar das festas de Cinecittà. Já Fellini não apreciava reuniões sociais, em geral. Sempre afirmou que não fora feito para o bate-papo nem para os *flashes* das câmeras: "Com exceção de meus amigos, ou por motivos profissionais, eu jamais sairia por livre e espontânea vontade. Só o faço por causa de Giulietta. Ela é muito mais sociável do que eu e gosta de se encontrar com seus amigos. Não gostaria de deixá-la na situação embaraçosa de ter de sair sempre sozinha" (*ibidem*, p. 64). Embora tenha confessado, na obra citada, que o sexo oposto exercia fascínio sobre ele, afirmou que foi fiel ao amor da esposa. O modo como analisou seu casamento faz crer que essa foi uma união de almas que se aceitavam e se compreendiam, assumindo muitas vezes papéis que não o de marido e mulher:

> As pessoas não são apenas um par romântico, um casal, mas também irmão e irmã. Muitas vezes, fui um pai para Giulietta e, muitas vezes, ela foi uma mãe para mim... Quando tenho que exprimir em palavras o papel que ela teve no nascimento de meus filmes, devo dizer algo que nunca disse nem para ela. Ela não apenas me inspirou para *La strada* e *Le notti di Cabiria*, mas também foi a fadinha boa em minha vida. Junto com ela, entrei em uma Terra Nova absoluta, terra que se tornou minha vida, terra que, sem ela, talvez eu não tivesse descoberto. (*Ibidem*, p. 49-50)

Zorba: a alegria e a liberdade

No livro *Zorba, o grego*, Nikos Kazantzakis tece um retrato humano de um legítimo hedonista, o personagem central que dá título à obra. Até onde sua memória alcança, seu proceder aponta para esse temperamento, conforme se conclui pelo relato de seu passado, contado nas primeiras páginas do romance:

> Eu era então mascate na Macedônia. Ia de aldeia em aldeia, vendendo miudezas, e em vez de dinheiro pedia em pagamento queijo, lã, manteiga, coelhos, milho; depois, revendia tudo isso e ganhava em dobro. À noite, não

> importa em que aldeia chegasse, sabia onde me alojar. Em todas as aldeias há sempre uma viúva complacente. Eu lhe dava um carretel, uma travessa de cabelo, ou um lenço – tinha que ser preto, por causa do falecido – e dormia com ela. (1974, p. 31-2).

O apreço do protagonista pelas mulheres, mesmo idosas, é bem delineado pelo autor no trecho em que Zorba se encontra com Madame Hortense:

> Mas Madame Hortense, cheia de dignidade, já se havia posto em movimento e nos indicava o caminho. Cheirava a pó de arroz e sabonete barato. Zorba ia atrás dela, devorando-a com os olhos.
> – Olha só, patrão – confiou-me. – Como ela rebola, a miserável. Parece essas ovelhas que têm o rabo gordo!
> Duas ou três gotas caíram, e o céu escureceu. Relâmpagos azuis abalaram a montanha. Meninas embrulhadas em suas pequenas capas brancas de pêlo de cabra traziam apressadamente do pasto a cabra e o bode da família. As mulheres, acocoradas em frente das lareiras, acendiam o fogo da noite.
> Zorba mordeu nervosamente o bigode, sem deixar de olhar o traseiro ondulante da madame. – Hum! – murmurou suspirando. – Nesse raio de vida nunca faltam surpresas! (*Ibidem*, p. 43)

PARCERIA PERFEITA
John Lennon – Yoko Ono

Quase trinta anos após a morte de John Lennon e quarenta depois de seu casamento com Yoko Ono, ainda há quem se pergunte o que essa artista plástica japonesa, seis anos mais velha que ele, magra, baixinha e feia teria feito para conquistar o líder dos Beatles, a banda que ficou para a história como ícone de uma época. Ainda hoje, milhares de fãs olham para Yoko como a bruxa má, que acabou com o espetacular grupo de Liverpool.

O fato é que Yoko representou um divisor de águas na vida de Lennon. Ao encontrá-la, durante uma instalação experimental que ela fazia em Londres, em 1966, o compositor e cantor encontrou a si mesmo, porque se viu refletido nela como em um espelho.

Ambos hedonistas sentimentais, mas com histórias de vida muito diversas, tinham a mesma visão e perspectiva de mundo. Yoko, nascida em uma família rica de Tóquio, estudou nas melhores escolas, cursou arte em Nova York e bem cedo passou a integrar grupos de vanguarda. Sua obra e respectiva conceituação sempre se caracterizaram pela provocação, pela introspecção e pelo pacifismo. Yoko contestava, como Lennon, a ordem estabelecida, mas, diferentemente dele, que primava pelo escárnio e pelo deboche, preferia usar bandeira branca.

John Lennon teve infância e adolescência difíceis. Foi criado por um casal de tios após a separação dos pais e sua mãe, Julie, morreu precocemente, atropelada. Foi ela quem notou o interesse do filho pela música, deu-lhe a primeira guitarra e os discos de Elvis Presley. John tentou formar-se em arte pela Faculdade de Liverpool, mas foi reprovado. Era um aluno irreverente, que gostava de imitar e ridicularizar os professores. Na faculdade, conheceu Cynthia Powell, que o seduziu e engravidou dele. Como todo "bom rapaz" de uma família decente, Lennon se casou com ela.

Porém, antes disso, já se casara com os Beatles, em 1957. Primeiro, conheceu Paul, que tinha uma história de vida parecida: a mãe também morrera cedo, vítima de câncer. A parceria em composições começou no ano seguinte, mas Lennon – por ser mais velho, mais esperto e mais rápido – logo assumiu a liderança da banda. O sucesso veio de roldão, na esteira e na histeria do movimento *hippie*, que se espalhava pelo mundo. Conviver com a fama foi difícil e nessa relação as drogas assumiram papel coadjuvante. Mulheres, especialmente as *groupies* (a mais famosa foi Marianne Faithful), que não davam sossego aos quatro rapazes, queriam ser protagonistas. No entanto, esse papel seria de Yoko Ono.

Em 1968, Cynthia estava de férias com o filho Julian, na Grécia, e Lennon fazia um retiro espiritual na Índia. Nesse período, ele e Yoko trocaram cartões-postais. Retornando à Inglaterra, o beatle a convidou para visitá-lo em sua casa. Passaram a noite em êxtase, gravando o que viria a ser o álbum *Two virgins*. Quando Cynthia chegou, encontrou os pombinhos tomando chá e Yoko vestida com seu robe. Engoliu o ciúme e comentou com Lennon que talvez a japonesa fosse a mulher perfeita para ele.

John ficara, de fato, impressionado com Yoko. Em entrevista concedida pouco antes de morrer, contou que nunca tinha questionado suas atitudes chauvinistas até conhecê-la. Com ela, reencontrara sua verdadeira

natureza e não queria passar um minuto sequer longe de sua musa. Para forçar o divórcio com Cynthia, acusou-a de adultério. Contudo, foi Cynthia quem quis a separação, ao saber que a outra estava grávida. Uma gravidez que não vingou.

John e Yoko se casaram em Gibraltar, em março de 1969, e, em novembro, ele mudava seu nome para John Ono Lennon II. A lua-de-mel foi um *happening* bem ao gosto dela: os dois se expuseram em uma cama do Hotel Hilton, em Amsterdã. O casal batizou a performance de "Na cama pela paz", e isso rendeu milhares de páginas em jornais e revistas de todo o mundo. Repetiriam o ato em Montreal, no hotel Queen Elizabeth, dando-lhe outro nome: "Dê uma chance à paz". A canção-tema foi cantada por meio milhão de pessoas em Washington, durante protestos contra a guerra do Vietnã, e se transformou em um dínamo para o movimento pacifista. Quando se mudaram para Nova York, em agosto de 1971, ligaram-se a ativistas da paz, como Jerry Rubin, Abbie Hoffman e Bobby Seale. Logo depois, Richard Nixon pediu a Lennon para abandonar o país e chegou a invocar seu envolvimento com maconha, em Londres, anos antes, para forçar a expulsão. Na verdade, Nixon temia ser derrotado por George McGovern, que tinha o apoio de Lennon. O *beatle* lançou então o conceito de "Nutopia", um lugar sem donos de terras, sem fronteiras nem passaportes, somente pessoas. A bandeira da Nutopia eram dois lenços brancos.

Tudo parecia perfeito até virem as primeiras rusgas. Ela já havia se casado duas vezes e tinha uma filha do segundo casamento. Além disso, era artista de vanguarda reconhecida na América. Quando o álbum *Sometime in New York* fracassou – sendo talvez a resposta das fãs àquela "nociva" união e ao rompimento dos Beatles, creditado à artista –, Yoko aconselhou Lennon a viver com a assistente de ambos, May Pang, e seguir em frente. Era o ano de 1973. A união com May durou menos de dois anos, mas, nesse período, John se reaproximou do filho esquecido, Julian, de novos artistas e também dos ex-colegas. Paul McCartney e a esposa Linda costumavam visitá-lo em seu estúdio. John regravou *Lucy in the sky with diamonds*, em dueto com Elton John, e foi em um show dos dois, no Madison Square Garden, em novembro de 1974, que John e Yoko se reencontraram. A aproximação partiu dele, que enviou à artista convites para a apresentação. Dois meses depois, estavam morando juntos novamente, para nunca mais se separarem. Em outubro de 1975, nasceu o filho Sean. "Sinto-me maior do que o Empire State", disse John à imprensa. O comentário magoou o filho Julian, que perdera o contato com o pai. Lennon assim se explicou: "É diferente. Sean foi muito desejado e esperado", enquanto Julian fora produto do acaso.

Com o nascimento de Sean, ocorreu a maior transformação no comportamento do cantor-autor. Houve uma espécie de inversão de papéis. Enquanto Yoko saía para negociar e trazer dinheiro para casa, John assumia os papéis de esposa, ama-seca e dona-de-casa. Ele se declarou cansado do *show business*. Estava na estrada desde os 22 anos de idade e achava que merecia ficar em casa cuidando do filho.

A casa era um apartamento no edifício Dakota, perto do Central Park West. Foi na calçada desse prédio que Lennon foi assassinado por um fanático, em 8 de dezembro de 1980. Tinha 40 anos de idade. Após a morte do marido, Yoko retornou às artes plásticas e retomou as exposições e instalações em vários países. Nunca mais se casou.

4 Guardiães, parceiros sociais

Dentre os quatro temperamentos, os guardiães são os que dominaram e predominaram ao longo dos séculos; ainda hoje, formam a maior massa humana na maioria dos países. Eles são orientados para a família, o trabalho material, as instituições e a sociedade. Talvez por representarem a linha de idéias e objetivos que mais foi praticada no planeta, desde tempos imemoriais, têm como características principais o conservadorismo, o respeito pela tradição e pelos rituais, o moralismo e o apreço pelo acúmulo de bens. Aristóteles os enxergou como pessoas que prezavam a propriedade, não importando se composta por bens materiais ou pessoas (família, mulheres, escravos).

Guardiães são – sem exagero – os criadores, os nutridores e os vigilantes de todas as instituições civilizadas existentes tanto no mundo ocidental como no oriental. Por conta disso, antes de agirem ou de se comprometerem, levam em conta os mandamentos dessas instituições (às vezes, nem precisam estar escritos, como acontece com a Constituição inglesa). Têm um forte sentimento de "pertencer" e procuram destacar-se como membros valiosos de famílias, de empresas e de instituições em geral.

Diferentemente dos sociáveis e espontâneos hedonistas – que vão para a rua encontrar pessoas a fim de se divertir, bater papo, jogar, beber ou vender algo –, eles se dirigem à "praça" para encontrar gru-

Guardiães

Perfil	Conservadores, valorizam estabilidade e instituições sociais.
Buscam	Segurança, inserção social, *status*, poder.
Visão de mundo	Só quem trabalha e cumpre seus deveres merece homenagens.
Estilo	Tradicional e moralista. Grande senso de responsabilidade.
Tempo favorito	Inspiram-se no passado para construir o presente.
Problemas com	Indisciplina, desrespeito às leis, normas, hierarquia.
Vantagens	Lidam melhor com a realidade. Atingem metas com empenho.
Essencial	Fazer parte de um "grupo" e ter papel de destaque.

pos aos quais possam juntar-se com a finalidade de fazer frutificar uma associação ou um projeto coletivo, seja de natureza econômica, social, política, seja religiosa.

Assim como qualquer pessoa, gostam de alegria, convívio social e divertimento, mas não da mesma forma que os hedonistas. Eles preferem ser membros ativos de comitês e organizações, patrocinadores de eventos de benemerência, protetores de crianças e jovens (como os chefes de escoteiros, por exemplo), para que sejam bons cidadãos no futuro.

Associação é uma palavra muito própria do dicionário dos guardiães; portanto, não é à toa que, neste grupo, encontre-se o maior número de pessoas que prezam o casamento, quase sempre para toda a vida. Guardiães são mentalmente casados. Desde garotos, têm como uma das metas de vida encontrar a "pessoa certa" para constituir uma família e, não raramente, inspiram-se em modelos familiares ou em casais que admiram para descobrir o parceiro ideal e levar o casamento adiante.

As jovens guardiãs têm olhar treinado para enxergar o melhor partido. Presentes são um forte indicador da real capacidade de um pretendente para prover e proteger o lar. Curiosamente, essa peculiaridade remete a comportamentos observáveis entre animais, como mamíferos e aves.

Tanto os guardiães extrovertidos como os introvertidos são pessoas muito responsáveis e leais aos compromissos assumidos. Os extrovertidos gostam mais de interagir socialmente, enquanto os introvertidos são mais focados em suas tarefas, muitas vezes encaradas como missão (exemplos: bombeiros, enfermeiras, secretárias, médicos, advogados, contabilistas, auditores, consultores, padres, freiras, pastores, comissários de bordo e bibliotecários, entre outros).

Os extrovertidos gostam de oferecer festas e de participar delas, encarando-as como uma forma de integração social e não tanto como divertimento. Dificilmente são animadores, DJs, pessoas que abrem o baile, nem as que contam piadas a noite inteira. Isso é papel dos hedonistas. De qualquer modo, festas promovidas por guardiães são sempre muito organizadas (um lugar para cada coisa e cada coisa em seu lugar), fartas e socialmente adequadas (local, móveis e louças têm de corresponder ao figurino vigente).

As vigilantes guardiãs

As mulheres guardiãs também têm comportamento bem diverso do de suas "primas" hedonistas. Enquanto estas querem arrasar nas festas com decotes profundos, fendas e transparências que deixam entrever um corpo esculpido, as guardiãs costumam ser mais discretas, ainda que adorem mostrar trajes de luxo e ostentar jóias valiosas, quando o orçamento permite.

Guardiãs querem ser vistas como mulheres respeitáveis e detentoras de qualidades que fazem diferença. Se trabalham, e atualmente isso é bastante comum, procuram atividades de destaque e importância social. Têm preferência por profissões clássicas, como magistratura, advocacia, ensino, medicina, enfermagem ou cargos de gerência e diretoria em empresas próprias ou de terceiros. Também são bastante encontradas em carreiras militares.

São zelosas com questões de honra, segurança, saúde, disciplina, dinheiro e dogmas. Preferem uniões nas quais o marido seja o maior provedor, porém, atualmente, essa situação é rara (muitas mulheres contribuem com a maior parte da receita financeira doméstica e algumas chefiam famílias sozinhas); esperam que haja um catálogo de deveres e direitos a ser respeitado e que os filhos cresçam dentro de um lar bem constituído.

Mais uma vez, convém destacar que o temperamento não está atrelado à classe social ou ao nível educacional. A descrição dos guardiães pode levar à falsa conclusão de que somente são encontrados nas classes sociais mais altas. Existem guardiães em grande número nas camadas mais pobres e menos instruídas da população. Mulheres que chefiam lares sozinhas e se esfalfam em jornadas árduas para prover alimento, casa e educação aos filhos são guardiãs e podem ser encontradas entre operárias e faxineiras, por exemplo.

Por serem mais conformistas que as mulheres de outros temperamentos em relação às normas sociais e culturais, as guardiãs costumam escolher o futuro parceiro de forma lógica ou atentas a valores próprios do meio em que vivem. Elas sempre preferirão o certo ao duvidoso, a aprovação da família e do grupo social, no momento de escolher alguém para um compromisso perene.

Apreciam rapazes que têm alguns comportamentos à moda antiga: uma espécie de corte inicial e bons modos (abrir a porta do carro, puxar a cadeira para ela se sentar, emprestar o paletó quando a temperatura cai, enviar flores acompanhadas de um cartão com belas palavras, mas discretas, depois de um encontro); prezam o compromisso e a pontualidade, tanto nos parceiros como nos outros. Um candidato a namorado perderá pontos se chegar atrasado e se o atraso se repetir poderá ser dispensado sumariamente.

As mulheres guardiãs são, dentre todas, as mais suscetíveis à influência da cultura na qual cresceram. Por isso, tanto no passado como no presente, são as que mais valorizam uniões estáveis, namoros e noivados em que os rituais são respeitados, reuniões familiares freqüentes, objetos de valor que passam de pais para filhos, *status* social, títulos, comendas e propriedades.

Antes da revolução sexual, faziam questão de se casar virgens e, depois, foram as últimas a aderir ao sexo antes do casamento. Ainda assim, são muito cautelosas e geralmente mais recatadas e seletivas em suas escolhas. Mesmo que se trate de uma aventura sexual, situação muito comum entre os jovens da atualidade, elas não vão para a cama com qualquer um. O escolhido tem de reunir qualidades que o tornem merecedor de tal concessão, pois elas temem arrepender-se mais tarde de terem cedido a alguém que "não tinha valor". Quem assistiu à série *Sex and the city* já identificou em Charlotte o arquétipo dessa mulher. Dentre as quatro personagens dessa *sitcom*, é a mais conservadora e pudica e também a que escolhe parceiros conforme suas conveniências. Mulheres assim gostam muito menos de sexo do que mulheres hedonistas, mas adoram conversar sobre esse assunto e saber como é a vida sexual de amigas, parentes, conhecidas e até de celebridades do *show business*.

Assim como os guardiães, elas são mulheres vigilantes e possessivas. Consideram (ainda que muitas vezes não sejam conscientes desse fato e o neguem quando alguém o cita) a família uma propriedade, especialmente quando se trata dos filhos. Por se ocuparem mais que os maridos com a educação das crianças, costumam interferir na vida deles, até mesmo quando crescem e arranjam a primeira namorada. Apreciam noras (genros) de mesmo temperamento e muitas não se envergonham de cerrar fileiras contra candidatas(os) que não correspondam ao figurino ideal de esposas (ou de maridos) para os(as) filhos(as).

Com freqüência, são traídas. Em parte porque, na época atual, caracterizada pelo consumismo, inclusive sexual, os maridos (geralmente, profissionalmente bem-sucedidos) são muito assediados e também porque elas não apreciam sexo tanto quanto seus parceiros. Muitas vezes sabem da traição, mas fingem ignorar, porque temem perder as prerrogativas e as vantagens que conseguiram ao se casar. Biógrafos que escreveram sobre a família Kennedy contam que a matriarca Rose sabia de todos os casos do marido Joseph (inclusive com Gloria Swanson, hedonista e diva do cinema americano, cuja carreira ele ajudou a alavancar) e que o havia alertado de que poderia divertir-se com quem quisesse, desde que tomasse cuidado para não engravidar ninguém. Filhos, somente com ela! Do mesmo modo, as noras Jacqueline e Ethel, esposas de John e Bobby, comportaram-se como convinha a pessoas de sua estirpe: ignorando a infidelidade dos maridos. Certamente, uma decepção para a grande dama norte-americana foi o filho Ted, um hedonista alcoólico e louco por um rabo-de-saia, a ponto de se meter em confusões fartamente noticiadas pela mídia.

Apesar de família, propriedade e segurança serem laços muito fortes, não são incomuns separações entre casais guardiães. As mulheres costumam ser mais cuidadosas do que os homens na manutenção da união, enquanto eles são mais suscetíveis à sedução e ao enamoramento por mulheres de outros temperamentos. Não são raros os casos em que eles mantêm duas famílias, ou uma família e um relacionamento extraconjugal paralelo. Essa situação é bem aceita em algumas culturas. Nos países ocidentais, até algumas décadas atrás, a traição e a bigamia eram encaradas como uma situação impossível de evitar, mas hoje, com a independência feminina, muitas guardiãs, quando traídas, preferem separar-se e cuidar da própria carreira.

Vida social ativa

Guardiães dão muito valor à vida social. E, como já comentado, de uma maneira diferente dos hedonistas. Após a pompa do casamento, geralmente no civil e no religioso, seguida de lua-de-mel em ponto turístico valorizado, os guardiães logo "caem na real". Isso significa ajeitar a casa, comprar mobília, eletrodomésticos ou a louça que ainda faltar (sempre de boa qualidade, se o orçamento permitir), para poder receber amigos, familiares e chefes em sua residência.

Mais do que freqüentar lugares que estão na moda ou levar amigos para restaurantes, preferem receber visitas e hóspedes em seus lares, e se sentem lisonjeados se os visitantes apreciarem a decoração ou elogiarem a recepção. Quando a carteira permite, escolhem, para morar, condomínios ou casas com piscina e têm muito prazer em organizar churrascos e feijoadas no fim de semana para convidados selecionados.

Até os tipos introvertidos sentem prazer nesses encontros, pois a rede social é um forte pilar na sustentação de um casamento entre pessoas guardiãs. Muitos fazem questão, também, de manter relacionamentos comunitários e de se envolver com atividades filantrópicas e de benemerência, ou de caráter religioso.

A moradia e o estilo de vida refletem muito de sua personalidade, impressa na qualidade dos móveis, cortinas, tapetes e objetos de decoração, e ainda na pontualidade das refeições e na fartura (principalmente em dias especiais ou quando recebem convidados). Essas evidências são um testemunho de sua competência como profissionais e cidadãos. No dia-a-dia, preferem ser mais frugais e conservadores. O cardápio semanal poderá ser estabelecido logo após o casamento e dificilmente variará.

Mesmo no vestuário os guardiães demonstram quanto apreciam aquisições duráveis e desprezam os modismos efêmeros ou da estação. Tanto os homens como as mulheres preferem roupas confortáveis e de boa qualidade, com um bom corte, mas sem concessões ao espalhafato. Suas escolhas recaem sobre cores discretas, poucas estampas e raras transparências. Em festas, destacam-se pela sobriedade, ainda que, algumas vezes, as mulheres se apresentem com a ostentação que a solenidade requer. Lado a lado, em tais circunstâncias, é fácil distinguir uma mulher guardiã de uma mulher hedonista. Certamente, a hedonista chamará mais a atenção, mas a guardiã se destacará como a grande dama, a mulher de classe, consumidora de marcas que têm tradição e lastro.

Guardiães, normalmente, são muito trabalhadores e sabem aplicar o dinheiro que ganham (ou que receberam de herança). Valorizam cada centavo, embora não sejam exatamente sovinas. O melhor qualificativo seria "poupador". Por isso, se o casamento fracassar, preferem levá-lo adiante em vez de se separar. A partilha dos bens costuma ser o calcanhar-de-aquiles de muitos representantes desse temperamento, sobretudo se o cônjuge for um hedonista. Ele ou ela considerará injusto partilhar com alguém que "só tirou proveito" metade dos bens ganhos com o suor do rosto. Se não houver outra saída, entram na Justiça para conservar ao máximo as aquisições que valorizam, entre elas os filhos. Mulheres hedonistas e idealistas são as maiores vítimas de maridos guardiães, que se consideram mais competentes para criar os filhos e que não querem pagar-lhes uma pensão para que elas não se tornem atraentes para outros homens.

Os guardiães e os outros

Parceiros guardiães – principalmente aqueles que se guiam por raciocínio lógico – podem apresentar dificuldade para compreender as necessidades emocionais de outros temperamentos, particularmente dos idealistas e, em menor grau, dos cerebrais. Esses dois temperamentos, por perceberem o mundo, as pessoas e os acontecimentos muito mais pela intuição (percepção não mediada instantaneamente pelos sentidos), precisam ser abordados e estimulados de uma forma que difere bastante daquela empregada entre os sensoriais, para ensejar alguma resposta sexual.

É preciso lembrar que os idealistas são os tipos mais sentimentais que existem na face da Terra. Ser sentimental não se refere somente à intensidade de sentimentos, mas, sobretudo, às sutilezas. Um mínimo detalhe durante o colóquio íntimo pode pôr a perder meses de investimento feito por um hedonista ou guardião, e até mesmo por um cerebral, para conquistar um/a idealista. Um gesto, uma palavra, um sorriso, um silêncio – tudo isso é muito eloqüente para quem enxerga com os olhos da alma. Por isso, as pessoas desse temperamento – apesar de amorosas, amigáveis e gentis – podem ser muito complicadas quando se trata de relacionamento íntimo.

Uma das descobertas mais surpreendentes que fiz, ao conversar com casais, refere-se aos momentos que precedem o encontro erótico. Sensoriais (hedonistas e guardiães) podem discutir, brigar e terminar na cama como se nada tivesse acontecido. Hedonistas até gostam de uma boa briga, porque funciona como combustível para o encontro sexual. No entanto, essa situação é bizarra para os sentimentais intuitivos (idealistas). Para eles, a estética do lugar, a palavra poética, a harmonia, a delicadeza de gestos e o arrebatamento são fundamentais para criar um clima de cumplicidade carnal.

Guardiães e hedonistas costumam considerar tudo isso uma bobagem incomensurável, principalmente quando o(a) parceiro(a) já concordou, tácita ou explicitamente, que está interessado(a). Aqueles com quem conversei me disseram que sexo é sexo, nada de vir com poesia ou dilemas existenciais na hora da cama. Mais: eles confessaram considerar o sexo uma atividade regular, própria de quem convive e, em alguns casos, uma obrigação. "Se a mulher escolhida não corresponde, o homem tem todo o direito de buscar essa satisfação com outras", disseram alguns, para logo ressalvar que "mulheres não podem fazer o mesmo. Se o parceiro não corresponde ao que esperam, devem ajudá-lo a se superar".

Tão surpreendente quanto essa filosofia de alcova foi descobrir que os homens provedores esperam gratidão da mulher e dos filhos pelo fato de serem, quase sempre, os guardiães da família e da honra dela. Essas noções não são resultado de crenças atuais, mas de um longo processo de socialização que remete a períodos ancestrais, quando o homem era, de fato, o protetor da família. Pelo papel social que tinha, ele se achava no direito de merecer obediência, subserviência, respeito e recompensas daqueles a quem alimentava, dava seu nome e protegia.

Tradição e modernidade

O casamento, como instituição, mudou muito no último quartel do século XX e início do atual. Casamentos para toda a vida são cada vez mais raros. Mas o tipo de união que os guardiães assumem é preponderante em amplos segmentos, haja vista que pelo menos 35% da população mundial é constituída de pessoas desse temperamento.

Apesar das mudanças comportamentais, a moral e os valores dos guardiães continuam alinhados aos do patriarcado e, enquanto predominarem, os casamentos de conveniência continuarão a prosperar.

Esse é o tipo de união que menos concessões fez às transformações culturais e às revoluções empreendidas por mulheres, em épocas distintas. Trazendo para o presente a tradição da cultura clássica, podemos dizer que o modelo de casamento vigente ainda é, em muitas culturas e classes sociais, o de Ulisses e Penélope, que tem mais de dois mil anos.

O mito de Ulisses foi imortalizado na *Odisséia*, de Homero, mas ele já aparece na *Ilíada*, poema épico sobre a Guerra de Tróia. *Odisséia*, dedicado a Ulisses (ou Odisseu), trata do regresso do herói a Ítaca, onde era rei e governava com sua mulher.

A Guerra de Tróia durou dez anos e Ulisses gastou outros dez no retorno. A justificativa para tão longa jornada foram as dificuldades de navegação que encontrou, todas provocadas pelo vingativo deus dos mares, Posêidon, que se colocara ao lado dos troianos.

Isso é parcialmente verdadeiro. A grande demora de Ulisses está relacionada com a tentação feminina. Inicialmente, foi prisioneiro da feiticeira Circe, com quem viveu por um ano. Depois, deixou-se prender pela ninfa Calipso. Foram sete anos em companhia dela e a união somente se desfez por interferência de Atena, a deusa que o guiou durante toda a Guerra de Tróia. Insatisfeita com o comportamento de seu protegido, a deusa pediu ao pai, Zeus, para que enviasse o mensageiro dos deuses, Hermes, à ilha de Calipso, com a ordem de que Ulisses retornasse à casa.

Enquanto isso, em Ítaca, a rainha Penélope governava e driblava os muitos candidatos a marido que acreditavam que o herói jamais retornaria. Penélope temia seus pretendentes e, para mantê-los a distância, usou um estratagema: disse-lhes que se casaria com um deles tão logo terminasse de tecer um manto para seu sogro, o rei Laerte. No entanto, o trabalho nunca era concluído, pois a fiel esposa desmanchava à noite o que tecia durante o dia. Quando Ulisses chegou a Ítaca, o filho Telêmaco não o reconheceu (isso também acontece, psicologicamente, hoje. Pais que se comunicam pouco com seus filhos raramente conseguem relacionar-se de forma próxima com eles, quando crescem).

Para resumir: temos, de um lado, o marido infiel que, embora valorizasse a família e o casamento, pois são símbolos do patriarcado e devem ser honrados, permitia-se o adultério como uma espécie de recompensa pelas agruras da vida (esse comportamento foi reforçado ao longo do tempo, principalmente enquanto duraram as guerras de conquista. Os soldados arregimentados tinham como prêmio os espólios dos vencidos, especialmente o sexo das mulheres). De outro lado está Penélope, a mulher que espera pelo regresso do esposo, que, além de herói, era o rei de Ítaca, portanto muito mais importante que qualquer um dos 108 "borra-botas" que a incomodavam.

Modernamente, os homens não passam vinte anos de sua vida em guerra, mas batalham em empresas competitivas ou nos próprios negócios, permanecendo diariamente vinte horas, ou mais, fora do lar. Para aliviar a dura jornada, esses heróis do século XXI se permitem repousar, vez ou outra, nos braços de Circes e Calipsos. Ou, pelo menos, detêm-se para ouvir o canto das sereias.

Quanto às esposas, geralmente permanecem fiéis, trabalhando e cuidando da educação dos filhos. Em muitos casos, o amor já desapareceu, substituído pela conveniência e pelo interesse. Para essas mulheres, o reinado de Penélope é representado por uma boa casa (às vezes também uma residência campestre e um apartamento na praia), um automóvel pessoal de luxo, destaque social, um sobrenome reconhecido e filhos. Essas Penélopes modernas foram, ao longo dos séculos, as colunas-mestras do patriarcado e defensoras de suas cartilhas, e continuam a representar esse papel nas modernas sociedades.

Quando se enganam na escolha, não temem desfazer o casamento – como temiam suas antepassadas – e arranjar um novo parceiro, socialmente mais vistoso, ou começam, elas mesmas, a montar seus pequenos impérios, batalhando no mercado de trabalho e buscando funções de comando. Como são sempre bem relacionadas (guardiães são impulsionados para a vida gregária e a mútua proteção, razões para o desenvolvimento de uma atitude corporativista), elas conseguem, mais facilmente que as mulheres de outros temperamentos, conquistar posições de destaque.

Cleide, uma odontopediatra proprietária de um pequeno consultório, cuidava dos dentes dos filhos de um neurocirurgião, Ernesto. Cativado, ele a convidou para se juntar a ele na enorme clínica que mantinha em um bairro nobre de Belo Horizonte. Era um presente dos céus! Recém-divorciada de Roberto, um hedonista por quem se encantara na faculdade, queria mais do que tudo crescer profissionalmente. Mas o convite não ficou restrito ao âmbito do trabalho. Jovem, simpática e elegante, ela despertava algo mais no competente doutor. Só que ele era casado e Cleide jamais se ligaria a um homem comprometido. Deixou isso bem claro quando o médico se declarou durante um *happy hour*. Como ele insistiu, e ela já estava meio "caída" por ele, resolveu denunciá-lo anonimamente à esposa. Esta os flagrou em um restaurante discreto e, sem se importar com a platéia, armou um barraco. Em casa, pôs o marido contra a parede: ou largava a outra ou ela se separava e deixava os filhos para ele criar. Ernesto expôs o conflito à dentista, que não teve dúvidas: "Pois, venha com seus filhos! Eu não tenho nenhum e adorarei ganhar três de uma vez só!". A esposa de Ernesto mudou de idéia, porém era tarde. Os filhos, que já gostavam da futura madrasta, acompanharam o pai, enquanto a mãe, que se casara jovem e pouco aproveitara a mocidade, considerou que, no fim, levava vantagem por poder desfrutar da liberdade.

NOTAS

MULHERES PROPRIETÁRIAS

O filósofo Aristóteles enxergou nos guardiães vocação natural para a propriedade. Na mitologia grega, estão muito bem descritas as proprietárias pensadoras (Hera, principalmente) e as proprietárias sentimentais (Deméter, Coré e Héstia).

Héstia é a grande "virgem", e isso quer dizer que ela não entregou sua alma a nenhum deus. Emocionalmente, mulheres parecidas com essa deusa não são efusivas ao demonstrar afeto nem eróticas. Sexo, quando faz parte da vida delas, tem um caráter de acolhimento e até de experiência religiosa. O carinho dessa deusa/mulher é expresso pelo cuidado com que prepara as refeições e transforma a casa num lar confortável, quente e acolhedor. Quando assisto a filmes japoneses do passado, é difícil não enxergar naquelas esposas silenciosas, delicadas e discretas a deusa Héstia.

A mitologia e a literatura mostram que mulheres com tais características raramente se casam. Muitas preferem a vida religiosa ou engajar-se em uma atividade social caracterizada pelo conforto moral e espiritual. Embora se preocupem em ajudar o próximo, não se interessam por causas políticas nem sociais.

Coré é outra deusa/mulher pouco interessada em sexo, mas sonhadora. Na mitologia, ela é a jovem superprotegida pela mãe, Deméter. No mundo feminino, representa as donzelas que esperam pelo príncipe encantado. Esse arquétipo esteve presente em todas as culturas e ainda hoje é muito representativo. Elas colocam todas as possibilidades de felicidade nos braços de um homem e esperam ser felizes para sempre. Dificilmente escolhem seu par. Normalmente, são escolhidas por seus pretendentes ou acatam as escolhas que outros fizerem por elas (principalmente as mães).

Curiosamente, Corés atraem todos os tipos de homens, desde os muito jovens até os maduros; os inexperientes e os muito vividos; os tímidos e os extrovertidos. A causa parece estar no caráter passivo do arquétipo. Corés geralmente dão segurança quanto a uma vida a dois sem grandes problemas, especialmente com relação à infidelidade, e de modo geral se apresentam como mulheres doces e femininas.

Corés geralmente são imaturas em relação aos seus sentimentos. Nesse caso, o perfil de uma jovem com as características dessa deusa é o de uma pessoa narcisista, centrada em si mesma e extremamente preocupada com a aparência. Se Coré se transformar em Perséfone (na mitologia, ela foi raptada pelo deus Hades, rei do mundo dos mortos, dos metais e das sementes, e se tornou muito entendida em almas humanas), terá dado um grande passo. Além de se desenvolver psicologicamente (inteligência intrapessoal), tenderá a se tornar guia de pessoas que a procuram. Como Perséfone, seus dons e interesses estão mais alinhados com os dos idealistas.

A grande deusa do casamento, no entanto, é Hera, a sétima e derradeira esposa de Zeus. A mitologia conta que ele se disfarçou de cuco (o disfarce era um recurso muito comum e utilizado pelos deuses patrilineares) para seduzi-la. A ave entrou no quarto de Hera, que agasalhou a ave em seu peito. Conseguido seu intento, Zeus quis fugir, mas ela o deteve e o obrigou a assumir o compromisso de desposá-la. Esse comportamento é típico de mulheres calculistas, que preferem o raciocínio lógico ao sentimento, ao fazer suas escolhas (afinal, Zeus era o mandatário do Olimpo!). Embora vivessem em clima de constante tormenta, o casamento foi útil a ambos. A ambiciosa Hera valorizava o poder e sentia-se bem dividindo-o com um deus que o representava. Zeus era sexualmente insaciável e a traiu tanto com imortais (deusas e ninfas) quanto com mortais. Pela posição que ocupam, as mulheres identificadas com Hera estão dispostas a ignorar as constantes traições, mas não deixam de perseguir suas rivais, caso pressintam alguma ameaça à solidez da união.

Muitas mulheres, ao longo da história da humanidade, foram legítimas representantes de Hera e ainda hoje são encontradas em todas as classes sociais. Despertam respeito e subserviência, pois costumam ser leais, sensatas e fortes, ainda que também sejam manipuladoras e astutas.

Mulheres-Heras apreciam os homens competentes e bem-sucedidos e esforçam-se para que os filhos desenvolvam essas características. Políticos e líderes, em vários campos, costumam casar-se com mulheres-Heras, porque sabem que elas jamais trairão os votos do casamento e estarão sempre dispostas a ignorar os deslizes deles (não foi o caso de Hillary Clinton, cerebral, mas da esposa do ex-governador de Nova York, Eliot Spitzer. Freqüentador de um prostíbulo de luxo, teve de renunciar ao cargo e pedir desculpas em público. A esposa ofendida manteve-se ao lado dele).

A última grande deusa que simboliza a mulher proprietária sentimental é Deméter. Ela representa, na cultura ocidental, o arquétipo da grande mãe, da provedora e protetora. Mulheres identificadas com essa deusa defendem o casamento como uma proteção aos filhos, principal motivo de sua existência. Em geral, apreciam sexo como agente de procriação e prezam o patrimônio material como forma de garantir o futuro da descendência.

Paixão e conveniência

O casamento tradicional sobreviveu ao longo dos séculos porque estava apoiado em valores e interesses de mútua conveniência. A união do príncipe do conto de fadas com a donzela ingênua e obediente configurou um tipo de aliança amplamente reforçado pelos sistemas, tanto no hemisfério ocidental quanto no oriental, e ainda hoje encontra muitos adeptos. De um lado, a jovem protegida pela família, que devia manter-se fiel aos cânones socialmente aprovados, e, de outro, o rapaz responsável, orientado para repetir o papel de seu genitor, disposto a honrar os compromissos do patriarcado e manter a união para o resto de sua vida.

Na Idade Média e em grande parte da Idade Moderna, somente proprietários de terras e de riquezas naturais, assim como pessoas que detinham títulos nobiliárquicos, casavam-se. Eram os guardiães dos costumes e os ditadores das leis. A eles estava unida a Igreja, também grande latifundiária que detinha o monopólio da educação e da censura e exercia poder sobre a imaginação e as emoções.

Contrapondo-se a esse estado de coisas, os artesãos e comerciantes (que podemos relacionar com os hedonistas) tinham um comportamento bastante diferente. Não se casavam; juntavam-se trocando presentes e separavam-se destrocando os presentes. Embora não fossem ricos e poderosos como os nobres e a burguesia, nos dias de festa faziam questão de brilhar, apresentando-se com trajes suntuosos (algo que ver com o nosso Carnaval!).

Nos dias que correm, verificaram-se algumas alterações nesses padrões, mas não a ponto de hedonistas se confundirem com guardiães. Uma das áreas em que se operou maior transformação é a dos relacionamentos íntimos. Aventuras extra-conjugais são, hoje, praticamente corriqueiras nos dois gêneros e a separação tornou-se um fato natural nos casamentos. Nos Estados Unidos, o número de divórcios atinge 50% do total dos casamentos formais. No Brasil, apenas 20% dos casais recorrem aos tribunais para se separar, mas esse percentual não representa, de fato, a realidade, até porque grande parte dos casais não se casa formalmente.

Alguns homens guardiães ouvidos para este livro revelaram que não se separam pois temem as novas mulheres (geralmente com temperamentos diferentes). Em geral, casaram-se com guardiãs dedicadas, mantenedoras de um lar aconchegante e seguro, embora, na maioria das vezes, tenham se desinteressado da vida sexual. As mulheres pelas quais se sentem atraídos são quase sempre belas e sensuais, mas muito independentes e seguras de si, além de emocionalmente frias. "São mulheres fálicas", comentou um terapeuta. "Eles têm medo de perder numa competição com elas." Esses homens contaram que buscam uma mulher carinhosa, meiga, sensual e companheira. Ao comparar a esposa, por quem perderam o desejo, com as executivas sedutoras e competitivas (suas colegas de trabalho), eles se sentem mais confortáveis com as primeiras. Há ainda outro dado: a maioria das mulheres citadas por eles como atraentes não está à procura de romance duradouro e menos ainda de casamento. Elas querem ter alguém para sair, para um programa eventual, viajar e fazer sexo. No entanto, essa modalidade de relacionamento é rejeitada pelos guardiães separados mais maduros. Muitos informaram que estão procurando relações estáveis de qualidade. "Estou cansado de andar de bar em bar, procurando companhia", disse um alto executivo, recentemente divorciado. "E também não tenho traquejo para procurar uma namorada pela internet", revelou. Para homens na mesma situação, valorizar uma relação estável quase sempre decorre do receio de contrair aids em relações fortuitas ou de ser enredado em um relacionamento que traga prejuízo moral ou financeiro.

PARCERIA PERFEITA
John Kennedy – Jacqueline Bouvier

O corpo do então presidente dos Estados Unidos, John Fitzgerald Kennedy, era velado com grande pompa em Washington e, do outro lado do mundo, o jornal londrino *The London Evening Star* apregoava (na edição de 23 de novembro de 1963) que nunca mais a Casa Branca teria hóspedes tão elegantes e ilustres. Jacqueline, dizia o jornal, soubera dar ao povo americano o que ele jamais havia tido: majestade.

Enquanto esteve na Casa Branca (de janeiro de 1961 a novembro de 1963), o casal deu novo *status* à vida americana e aparecia diariamente na imprensa, graças – entre outros fatores – às festas que eram realizadas ali e à presença constante de amigos que constituíam a nata da economia, da política, da literatura e das artes. Entrevistada algum tempo após a morte do marido, Jackie, como era chamada por todos, disse que aquele havia sido um período glorioso, que ela batizara como "Camelot", uma alusão ao reinado do rei Arthur e da rainha Guinevere, com os cavaleiros da távola redonda à volta deles.

O fato é que ambos pertenciam à elite, mas Jackie tinha mais *pedigree*. Primeira filha do casal John Bouvier III (corretor da bolsa) e de Janet Norton Lee (filha de um presidente de banco), ela crescera em um ambiente sofisticado, principalmente depois que a mãe se separou para se casar com Hugh Auchincloss, um magnata que fora casado anteriormente com a mãe do escritor Gore Vidal. Jackie teve oportunidade de estudar na Vassar College (a mais aristocrática escola para mulheres) e na Sorbonne (França), e formou-se jornalista pela Universidade de Washington. Nessa cidade, começou a trabalhar como repórter fotográfica para o jornal *Washington Times-Herald*.

Não foi à toa que Jackie preferiu ficar na capital: ali estavam os bons partidos, e ela estava perfeitamente consciente de que nascera para se casar com um deles. Em uma entrevista, conheceu John Kennedy, ex-fuzileiro naval, bonitão, pertencente a um clã tradicional e rico de Massachusetts (o pai, Joseph, tinha enriquecido vendendo bebida durante a lei seca). John havia lutado no Pacífico durante a Segunda Guerra. Quando sua lancha-torpedeira foi afundada pelos japoneses, ele conseguiu salvar a tripulação, o que lhe valeu uma condecoração por bravura. Iniciou carreira política em 1946, com quase 30 anos (ele nasceu em 1917 e Jackie, em 1929).

A entrevista feita em 1951 os fez perceber que haviam nascido um para o outro. Tinham temperamento guardião, mas, enquanto Jacqueline era sentimental e introvertida (protetora), JK pertencia ao grupo dos pensadores extrovertidos (controlador e comandante). Em outras palavras, ele era mais cerebral e ela mais sentimental, mas ambos tinham enorme senso de *status* e eram acumuladores de bens, respeitadores dos códigos sociais e cumpridores dos deveres familiares.

Ela foi o maior cabo eleitoral do marido na campanha para presidente. Bonita, culta e chique, conquistou eleitores e eleitoras. Com Kennedy presidente, a primeira-dama, acostumada ao luxo e a gastar sem pensar em contas, inaugurou um novo estilo de viver. Primeiramente, mandou reformar toda a Casa Branca e contratou um figurinista exclusivo para servi-la, o russo Oleg Cassini, que lançou o estilo Jackie Kennedy, copiado por mulheres de posses de todo o mundo. As festas se sucediam e nelas John podia dar vazão às tendências do "macho alfa" (uma comparação com os mamíferos

superiores que dominam um território e copulam com todas as fêmeas). Jackie conhecia as traições do marido, inclusive seu relacionamento com Marilyn Monroe, mas fingia ignorar. Essa lição ela aprendera com a mãe, com a sogra e com a cunhada Ethel, mulher de Bob Kennedy, que também teve um caso com a loura mais fatal do cinema. Por outro lado, é próprio das mulheres guardiãs serem moralistas e fazerem algumas restrições à sexualidade. Então, estava tudo certo: ela fingia não ligar para as aventuras do marido e ele fazia de conta que não percebia quão gastadora a esposa era. Aliás, guardiães, quando podem, apreciam consumo de alto padrão e preferem propriedades e objetos que tenham lastro. Jackie raramente calçava um par de sapatos duas vezes. Dizia-se que tinha um pequeno defeito em um artelho, que deformava o calçado. No entanto, guardiães costumam ser um tanto "econômicos" quanto se trata de terceiros. Mordomos que serviram nas festas da Casa Branca naquela época contaram à imprensa que a primeira-dama lhes recomendava devolver às garrafas o uísque deixado nos copos pelos comensais.

A grande ilusão de Camelot desmoronou em 22 de novembro de 1963 quando, em visita a Dallas, o presidente foi alvejado por Lee Harvey Oswald. Jackie estava a seu lado no carro conversível e foi a primeira a tentar socorrê-lo. A popularidade de Kennedy já não era tão unânime no país, sobretudo por causa da fracassada invasão de Cuba, pelo envolvimento na Guerra do Vietnã e pela Guerra Fria. No entanto, o governo dele ainda conquistava corações e mentes por conta da atuação de Bobby Kennedy, secretário da Justiça, que convenceu o irmão a estabelecer medidas contra o racismo e a olhar para as classes menos favorecidas.

Jackie fez questão de presidir a cerimônia do funeral e, ao lado dos filhos Caroline e John Junior, manteve-se impassível. Mais: ensinou o pequeno garoto a fazer uma reverência diante do caixão do pai e a dar adeus ao presidente.

Pela primeira vez em sua vida Jacqueline teve medo. Ela conhecia de sobra a ambição dos Kennedy, assim como suas "taras", e receava criar os filhos dentro do clã. Para se salvar, contava com a ajuda de Bobby, igualmente guardião, mas, sobretudo, sentimental. Até que ele também foi assassinado em 1968.

Jackie mudou-se para Nova York e aconselhou-se com a irmã caçula, Lee Radziwill, casada com um nobre europeu, que ficou incumbida de lhe apresentar um pretendente que pudesse sustentar seu alto padrão de vida e proteger seus filhos. O escolhido foi Aristóteles Onassis, rico empresário grego que mantinha um romance rumoroso com a diva da ópera Maria Callas. O arranjo era perfeito para ambos. Onassis, um armador de origem humilde e sem cultura, também estava à procura de uma mulher de classe, que elevasse seu *status* social. Assim, nada melhor do que se casar com a "viuvinha da América".

Embora passassem pouco tempo juntos, e os filhos de Onassis, Alexandre e Cristina, odiassem-na, Jackie permaneceu casada com o empresário até a morte dele, em 1975. Pelos poucos anos de vida em comum, ele lhe deixou um valioso patrimônio. De volta aos Estados Unidos, com os filhos crescidos, Jacqueline passou a cuidar do futuro deles, sempre de olho em garotas e rapazes oportunistas. Tanto que, quando morreu de câncer, em 1994, o filho John Junior (que morreu em 1999 vítima de desastre de um avião que ele mesmo pilotava) ainda estava solteiro. Jacqueline viveu os últimos anos em companhia do industrial belga Maurice Tempelsman.

5 Idealistas, parceiros de alma

Não há melhor forma de falar dos idealistas do que recorrendo à poesia. O leitor pode fazer esse exercício lembrando-se dos maiores poetas em diversas línguas. Desde o latino Horácio, passando pelo italiano Dante Alighieri, pelos espanhóis Teresa D'Ávila e García Lorca, os portugueses Luís Vaz de Camões e Fernando Pessoa, os ingleses Lord Byron, Robert e Elizabeth Browning, os norte-americanos Walt Whitman, T. S. Eliot e Sylvia Plath, os alemães Johann Goethe e Rainer Rilke, os franceses François Villon e Alphonse de Lamartine, os chilenos Pablo Neruda e Gabriela Mistral, o árabe Khalil Gibran, o indiano Rabindranath Tagore, o russo Ievguêni Ievtuchenko e os brasileiros Castro Alves, Cecília Meirelles e Cruz e Sousa, todos escreveram motivados por uma dupla necessidade: extravasar sentimentos e defender causas sociais, espirituais e políticas.

Além de notável inteligência lingüística, mulheres e homens desse temperamento são os que apresentam maior inteligência emocional, o que lhes faculta compreender os anseios humanos e defendê-los em versos.

Amantes da ética e da estética, ou da beleza em sua plenitude, anseiam por amores plenos, em que possam dar-se (e receber) de corpo e alma, sem nenhum interesse em angariar vantagens próprias do relacionamento amoroso aprovado pela sociedade ou pela religião.

Idealistas

Perfil	"Românticos", lutam por causas. O amor é uma delas.
Buscam	Autoconhecimento, evolução espiritual, integridade e ética.
Visão de mundo	A Terra é uma residência temporária. O dinheiro é secundário.
Estilo	Altruísta, catalisador e harmonizador. Agem em favor dos outros.
Tempo favorito	Miram o futuro.
Problemas com	Parceiros sensoriais: seus valores diferem. Às vezes, coléricos.
Vantagens	Empatia: sabem compreender e motivar as pessoas. Ampla visão.
Essencial	Autenticidade, ter uma missão, aprender sobre o ser humano.

No passado, esse tipo de amor, que a literatura cavalheiresca e os poetas e escritores românticos imortalizaram, era um sentimento de perdição, porque – fora do sonho e da imaginação – não encontrava possibilidade de concretude. Como já citei, o amor romântico, por ser dirigido a uma dama impossível, já no nascedouro estava condenado à renúncia e à repressão, quando não à morte.

A revolução feminista e a nova posição social das mulheres na modernidade possibilitaram a concretização dos anelos dos "românticos", na medida em que se tornou possível sublimar os aspectos impossíveis da paixão, trocando-os por compensações factíveis. Diferentemente de épocas passadas, em que a saída para a paixão era o amor burguês ou de conveniência, os idealistas têm, hoje, a chance de ampliar o domínio de Eros para outros aspectos da existência.

Um desses territórios é a revolução, a utopia. Idealistas sofrem com as injustiças, com o cerceamento da liberdade e com a desigualdade social. Razões para que, muitas vezes, deixem de lado a vida pessoal para se envolver com grandes causas humanitárias. Algumas personalidades conhecidas de diversas áreas que pertenceram ou pertencem a esse grupo foram: o líder indiano Mahatma Gandhi, o médico e humanista austríaco Albert Schweitzer, o político sul-africano Nelson Mandela, o ativista norte-americano Martin Luther King Jr. e também a americana Gloria Steinem (líder feminista da contracultura), a atriz alemã Marlene Dietrich (antinazista), os brasileiros

Gonçalves Dias (defensor dos indígenas), Castro Alves (abolicionista), Anita Ribeiro da Silva (revolucionária) e Sérgio Vieira de Mello (construtor de nações); o argentino Ernesto "Che" Guevara (revolucionário), o italiano Giuseppe Garibaldi (defensor de nações) e Joana D'Arc (heroína francesa).

Dentre os citados, poucos aderiram formalmente ao matrimônio. Eram casados com suas causas. Gandhi preferiu lutar pela independência do povo indiano e Guevara abraçou a utopia da igualdade social na América Latina. Ambos pagaram com a vida por seu idealismo, da mesma forma que García Lorca, que lutou contra a ditadura de Franco e Martin Luther King Jr., defensor dos direitos civis nos Estados Unidos.

Diferentemente dos outros três temperamentos – os hedonistas, os guardiães e os cerebrais, que são focados no mundo concreto –, os idealistas preferem a fantasia e o sonho à realidade. Perseguem amores profundos e eternos, plenos de magia e encantamento, parceiros a quem possam ligar-se de uma forma mais espiritual do que material, com quem seja possível dialogar intimamente sobre sentimentos, causas que defendem e também sobre suas fantasias românticas e seus dilemas éticos, sua divisão íntima e seu desejo de integridade.

Em geral, acreditam no que perseguem e, como o poeta Mário Quintana, cultivam jardins abstratos para atrair um grande amor. Esses amores muitas vezes não encontram, como já dito e reafirmado, espaço na realidade cotidiana, mas florescem dentro do coração e são plenos de significados.

Comparados com pessoas de outros temperamentos, os idealistas são opostos aos hedonistas, por se comportarem estes, em grande medida, como egoístas em sua eterna busca de prazer e aventura. Idealistas, não; eles são, sobretudo, altruístas: rejubilam-se com a felicidade dos outros e, em vez de se encantarem com a primeira pessoa que encontram, preferem "explorar" um relacionamento.

Idealistas perscrutam o outro, a fim de tentar descobrir sua alma, com o intuito de verificar se existe potencial para uma relação íntima. Mesmo na época atual, marcada pela permissividade e pelo "ficar", idealistas raramente aceitam sair com uma pessoa que acabaram de conhecer (a menos que ela demonstre que o interesse não é pessoal).

Não conseguem ser espontâneos e fruir dos prazeres materiais como os hedonistas nem enxergam o outro como um possível parceiro para uma união de conveniência, como geralmente acontece entre os guardiães – que visam a conquistar maior segurança e *status* social e profissional –, mas se parecem um pouco com os cerebrais, que procuram parceiros com quem possam trocar idéias. Apesar das discrepâncias, são os que mais respeitam as diferenças individuais, pois têm extraordinária competência para conhecer o íntimo das pessoas e respeitar suas peculiaridades.

Não importa a qual gênero pertençam: os idealistas sempre são argutos quando se trata de conhecer as motivações humanas para agir deste ou daquele jeito. Por exemplo, o dramaturgo norueguês Henrik Ibsen era muito competente em sua observação do comportamento. Teve o mérito de escrever a primeira peça de teatro que ousou abordar o tema da libertação da mulher dos grilhões do lar. A protagonista é Nora, e a peça, *Casa de Bonecas*. Contudo, mais do que demonstrar que a mulher não era uma boneca que passava das mãos do pai para as do marido, tornando-se cuidadora do lar e procriadora, ele compreendeu a necessidade de autodesenvolvimento que todas as pessoas têm. Nora abandonou o lar quando se conscientizou de que somente seria ela mesma no dia em que saísse de casa e se educasse.

Essa tomada de decisão de Nora me lembra a de Clarice Lispector, que, embora casada com um diplomata respeitável que a amava, preferiu separar-se para se dedicar à sua vocação de escritora. Na época (meados do século XX), foi repreendida por inúmeras mulheres – especialmente leitoras de sua coluna no *Jornal do Brasil* – e chamada de "burra" por deixar para outra um homem com as qualidades de seu marido. A elas, Clarice respondeu que, mais do que ninguém estava feliz por seu ex-companheiro ter encontrado quem poderia fazê-lo realmente feliz.

Idealistas, embora amem realmente, pois seu amor é incondicional, encontram inúmeras outras formas de se realizar. Trabalhar no que gostam é uma delas. E trabalham duro, até mesmo sob as condições mais adversas e quando nem existe recompensa financeira. Marlene Dietrich, a grande diva do cinema, ficou conhecida pelas *vamps* que interpretou na tela. Nada mais distante da realidade. Marlene, na verdade Magdalena, foi uma idealista que lutou contra o nazismo, vendeu bônus de guerra para os aliados e divertiu os soldados nos campos de batalha. Seu grande amor foi o também ator e herói da Resistência Francesa, Jean Gabin, que a abandonou porque desejava construir um lar burguês.

Outra biografia que demonstra a fibra dos idealistas é a de Sérgio Vieira de Mello, o brasileiro que trabalhou para a ONU – pacificando países em guerra – e morreu durante um ato terrorista no Iraque. Incansável, mesmo depois de muitas horas sem dormir, ele sempre se apresentava com um sorriso nos lábios e frases de esperança perante multidões famintas e amedrontadas. Ao ver desmoronar o edifício onde se encontrava na capital iraquiana, em vez de pôr-se a salvo, preferiu ajudar os companheiros, entre eles Carolina Larriera, a mulher com quem vivia. A argentina Larriera, igualmente idealista, lançou no Brasil, em 2008, o Centro Vieira de Mello, entidade dedicada à recuperação de jovens envolvidos com a violência.

Uma frase do dramaturgo russo Anton Tchekhov, em uma carta a um amigo, fala bem sobre o impulso que leva os idealistas ao sacrifício: "Desprezo a preguiça, assim como desprezo a fraqueza e a apatia dos movimentos da alma. Para viver bem, como um homem digno desse nome, é preciso trabalhar, trabalhar com amor, com fé".

Observadores sutis

Em qualquer evento, os idealistas, mesmo quando são extrovertidos e interagem com as pessoas, colocam-se à parte. Eles observam com outros olhos (a intuição é a forma preferida para perceberem o mundo e as pessoas), tentando adivinhar a personalidade, os anseios e os valores de cada um, e fantasiando sobre a vida deles. Em público – em vez de ação, própria dos hedonistas que alegram qualquer festa, ou de confraternização, motivo que faz os guardiães gostarem de reuniões sociais –, os idealistas preferem conversar com gente, mas não sobre assuntos banais ou cotidianos. Eles têm mais interesse em temas abstratos, idéias, filosofias pessoais, crenças espirituais, sonhos, arte, poesia, enfim, temas que toquem diretamente o coração.

Embora sejam quase sempre muito cativantes, quando vistos mais de perto não raramente são enxergados como arredios, demasiado sensíveis ou excessivamente sonhadores, o que afasta grande parte dos interessados em iniciar um relacionamento. Aliás, o próprio comportamento dos idealistas provoca essa reação. Eles não apreciam conversas sobre assuntos que agradam à maioria: futebol, comida, dinheiro, trabalho formal, intrigas, vida sexual, moda, mundo das celebridades e fofocas. Esses temas são muito comuns no dia-a-dia dos tipos sensoriais, por exemplo, que representam quase três quartos da população mundial.

Em um namoro, repudiam relações em que o jogo atua como um terceiro parceiro. Eles detestam subterfúgios, truques, piadas e gestos sórdidos, imperfeições morais, achincalhe, deboche e escracho. Não é difícil concluir, pois, que eles somente assumem compromissos com outra pessoa se sentirem cumplicidade de ideais e de percepções, com amplas possibilidades para a abertura íntima, sem receio da rejeição, do escárnio ou do engano.

Apesar disso, não estão livres da desilusão. Ao contrário: por serem mais sonhadores e mais altruístas, e por acreditarem na bondade humana, podem sofrer grandes desapontamentos e traições, que resultam em frustrações e desencanto.

Essa afirmação é verdadeira não somente para parceiros, mas também para líderes de qualquer área, que acreditam piamente no comprometimento de seus seguidores. Freqüentemente, entre estes encontram-se os traidores de seus ideais, como aconteceu com Cristo, Mahatma Gandhi, Nelson Mandela, Luther King e, recentemente, com José Ramos-Horta, presidente de Timor Leste.

A busca da perfeição

Uma boa parcela dos idealistas enamora-se muitas vezes ao longo da vida, o que dá a impressão de que colecionam amantes. Contrariamente aos hedonistas, que trocam de parceiros quando o fogo que alimentava a paixão se apaga, os idealistas o fazem porque buscam o amor incondicional, dificilmente atingível.

Essa predisposição está muito bem descrita no *Novo Testamento*, na passagem em que Jesus encontra uma mulher perto de um poço. Ela era malvista na aldeia em que morava, pois já tivera diversos maridos. O evangelista João conta que Jesus se aproximou dela e conseguiu enxergar sua alma, descobrindo então que, longe de ser promíscua, aquela mulher era uma pessoa atormentada pelo ideal do amor perfeito, que buscava de forma obsessiva.

O pensador Benjamin Péret talvez seja quem tenha chegado mais perto de uma explicação para a "pulsão" desse tipo, ao falar do amor sublime. Péret denomina a fusão de corpos como "pequeno desejo" com o qual a maioria da população se satisfaz. Mas não os idealistas. Para eles, é preciso unir corpo e alma, ou satisfazer o grande desejo, para ficar com a definição de Péret:

> É o *grande desejo* que une o Corpo e o Espírito, por longo tempo, além da união dos corpos no *pequeno desejo*. O *grande desejo* enraizado na condição humana exprime esta tensão do homem para a felicidade total. [...] Fora do amor sublime, o ser humano – o homem, sobretudo – abandona-se ao desejo mais primitivo; no amor sublime, os seres presos pela vertigem só aspiram a se deixarem levar o mais longe possível deste estado. O desejo, se bem que permanecendo ligado à sexualidade, vê-se, então, transfigurado. (Lima, 1976, p. 143)

Embora as mulheres anseiem muito mais pelo amor sublime, como bem notou Péret, não é absurdo afirmar que muitos homens (particularmente os poetas) também alimentam essa aspiração: o *grande desejo* é, quase sempre, a fonte de onde jorra sua criatividade e sua energia vital, ou libido, na definição junguiana e não freudiana.

Dentre as personalidades que aí se inserem, um exemplo notável foi o dramaturgo Eugene O'Neill. Filho de um ator de sucesso, que vivia viajando, e de uma mãe viciada em morfina (além disso, o irmão mais velho, James, era alcoólico), Eugene abandonou cedo o lar, pois este não lhe oferecia o que mais procurava: a capacidade de sonhar com uma vida sublime. Ainda muito jovem, passou a viver em diferentes cidades dos Estados Unidos e trabalhou em atividades pesadas em Honduras e na Argentina. Depois, foi para Nova York, onde conheceu jornalistas e intelectuais de esquerda. Seus maiores amigos foram os também jornalistas John Reed e Louise Bryant, de quem Eugene foi amante.[4] Reed e Louise, dois hedonistas, detestavam a classe dominante (guardiães) e trabalhavam para derrubar o poder estabelecido. Foi nessa época que Eugene se tornou comunista e anarquista. Mas esse compromisso durou pouco. Sua devoção maior era por Louise, a parte forte do triângulo. Quando ela aceitou o pedido de casamento de Reed, O'Neill sublimou seus sentimentos e o dramaturgo eclodiu dentro dele. Mudou novamente de cidade, casou-se, descasou-se e tornou a se casar até encontrar a alma gêmea que estava buscando: Carlotta Monterey, com quem viveu desde 1926 até morrer, em 1953. A mulher o inspirou para que produzisse brilhantes peças que abordam temas familiares, anseios íntimos e espiritualidade. Ganhou duas vezes o Prêmio Pulitzer e, finalmente, o Nobel de Literatura.

Revolução, marca própria

O desejo de encontrar o par perfeito é uma projeção do interior do desejante. É ele que anseia por uma vida mais intensa, mais plena

4. O filme *Reds* mostra muito bem como o romântico Eugene encarou o fato de ser o lado frágil do triângulo.

e gratificante, em que o relacionamento amoroso represente a possibilidade de revolucionar o mundo (a adesão temporária de O'Neill ao comunismo e ao anarquismo foi uma tentativa de realizar esse ideal).

Idealistas são naturalmente subversivos. O banquete que tradicionalmente lhes foi oferecido tem poucas iguarias de que gostam. Por essa razão, seu idealismo é um cavaleiro andante, como Dom Quixote, não por acaso eleito o símbolo dos sonhadores utópicos. Nesse romance de cavalaria, talvez o livro de ficção mais lido de todos os tempos, o espanhol Cervantes pinta um retrato atemporal de dois homens antípodas: o sensorial e realista Sancho Pança e o intuitivo e sonhador Quixote, dividido entre a imaginação e a realidade.

A psicanalista e intelectual Maria Rita Kehl assegura que Sigmund Freud reconheceu a sabedoria dos literatos, especialmente dos poetas. Entre outras observações diz que Freud lamentou "as limitações do cientista, que está condenado a trabalhar, pensar e pesquisar tanto para, afinal, chegar a conhecer aquilo que os poetas sempre souberam a partir de seus próprios sentimentos" (1988, p. 483).

De modo geral, idealistas se conduzem na vida movidos por um desejo de transcendência, o que significa, entre outros aspectos, gostar de gente e morrer por ela, como aconteceu com alguns mártires, libertadores e "santos". O que os diferencia é a atitude extrovertida ou introvertida.

Os extrovertidos têm, quase sempre, um discurso atilado, que encanta as platéias, e uma figura simpática, calorosa e carismática. Uma boa representante foi Eleanor Roosevelt, primeira-dama dos Estados Unidos, durante a Segunda Guerra Mundial. Eleanor se envolveu em causas em favor de imigrantes e de minorias sociais e raciais, destacando-se, por isso, como a mais importante primeira-dama de toda a história norte-americana.

Alguns especialistas em temperamentos, alegoricamente, comparam os idealistas aos golfinhos. Eles têm razão quando se leva em conta notícias como esta: "No dia 13 de março de 2008, um golfinho resgatou duas baleias encalhadas em uma praia da Nova Zelândia. Grupos de resgate já haviam desistido, quando o golfinho apareceu, comunicou-se com as baleias e as conduziu até alto-mar. Depois de orientar os animais perdidos, o golfinho voltou à costa para brincar com os banhistas".

Outra característica comum à maioria dos idealistas é sua elegância natural, que não se apóia em figurinos, mas parece provir de seu interior e se traduz nos gestos, no sorriso, no modo de falar, na expressão corporal e no olhar. Personalidades anteriormente citadas comprovam essa afirmativa. Apesar da condição social e cultural "superior", misturavam-se ao povo de forma carinhosa e comprometida, e, mesmo vestidos de forma simples, para não humilhar os menos favorecidos, destacaram-se por sua compostura, seu charme e sua ternura.

Os tipos introvertidos, igualmente carismáticos, podem parecer-se com esfinges. Mulheres, principalmente, estão neste grupo: Greta Garbo, Brigitte Bardot, Amália Rodrigues, Cecília Meirelles, Hilda Hilst e Clarice Lispector – declaradamente mais difíceis de conhecer e de abordar. Como essas personalidades, as idealistas "prosaicas" têm uma vida íntima rica e complexa, que expressam muitas vezes por intermédio da arte (o teatro, a literatura, o cinema, a pintura e a música), e sua atitude mais reservada compõe uma barreira para que a comunicação se estabeleça. Geralmente, parte delas a iniciativa de conversar com pessoas que acabaram de conhecer, mas logo demonstram, por meio de gestos, quais são os limites.

Esse modo de ser foi muito criticado em Clarice Lispector. Mulher talentosa, reservada e de vida modesta, não gostava de se expor nem considerava que sua obra fosse importante. Mesmo assim, as pessoas – e, em particular, os jornalistas – procuravam manter contato com ela. Dentre os intelectuais brasileiros que fizeram parte do seu círculo de amigos, raros podiam falar com Clarice a qualquer hora; entre as exceções estavam Carlos Drummond de Andrade e Lúcio Cardoso, seu amor platônico. Millôr Fernandes, que a conheceu bem, contou à mídia que ela quase não atendia ao telefone e que, uma vez, precisando falar com ela, ficou mais de quinze minutos esperando na linha.

Hilda Hilst, poeta e escritora brasileira de raro talento, além de belíssima, nunca encontrou o amor que buscava, apesar de ter se envolvido com muitos homens interessantes. Poderia ser comparada à personagem bíblica, a mulher obcecada pelo amor perfeito. Fora do mundo das grandes personalidades, idealistas introvertidas assumem, muitas vezes, um comportamento igual ao das mulheres citadas.

Um caso: conheci Bianca em um evento pela paz. Ela chamou minha atenção por ser, talvez, a jovem mais bonita dentre centenas que se encontravam no local. Calhou de trocarmos algumas idéias. Ela demonstrou interesse em conhecer-se melhor e me pediu para lhe aplicar um indicador de tipo psicológico e de temperamento. Pude, então, comprovar que se tratava de uma pessoa idealista introvertida, como previra. Com o tempo, ficamos amigas. O que mais me impressionava era o fato de, sendo tão bonita, meiga, culta e simpática, não ter namorado. Um dia, tive coragem e toquei no assunto. Resposta dela: "Tenho uma legião de fãs que outras fariam de tudo para agarrar. Consigo enxergar suas qualidades exteriores, mas eles jamais me mostram sua alma. Como me decidir se escondem a sua interioridade?"

Os idealistas e os outros

As tendências apontadas até aqui fornecem uma pista dos temperamentos favoritos dos idealistas para uma parceria. Além de pessoas do próprio temperamento, os introvertidos estabelecem um melhor relacionamento com os cerebrais, enquanto os extrovertidos também costumam se dar bem com guardiães sentimentais. Dois valores importantes unem esses dois grupos: a disposição de colaborar com o bem coletivo e a defesa intransigente da moral (guardiães) e da ética (idealistas).

Quando encontram uma pessoa com a qual tenham afinidade, costumam torná-la o centro de sua vida e, mesmo que com a convivência o parceiro revele seu lado menos iluminado, permanecem com ele se tiverem os olhos na mesma direção. Idealistas gostam de ajudar as pessoas a se desenvolver e a preservar sua integridade, além de zelar pela harmonia íntima e do ambiente.

Assim, só abandonarão um companheiro se houver um engano fatal, como falhas imperdoáveis de caráter, logro, mentira e falta de cumplicidade. Ou então se a união não fizer mais sentido. Por estarem sempre perseguindo vôos mais altos, idealistas podem desencantar-se de um relacionamento e partir em busca de outros ideais.

Os demais temperamentos também são estimulados pela novidade e buscam novos caminhos de realização, mas suprem essa necessidade de outra forma. Entre os guardiães, o trabalho árduo, as viagens de negócios, a vida social e os *hobbies* preenchem tal lacuna. Já os hedonistas, sempre otimistas, arriscam-se em novas conquistas: um *rally* esportivo, um concurso de beleza, objetos de consumo, tratamentos estéticos ou uma nova paixão.

Essas aquisições não seduzem os idealistas. Porém, mesmo diferindo da maioria, causam impacto positivo. Os hedonistas se encantam com eles principalmente porque se dão com todo tipo de gente e também pela forma empática que expressam. Os guardiães reconhecem na ética dos idealistas um sinal de seriedade, traço que valorizam, mas o que mais admiram é sua poderosa imaginação e criatividade. Contudo, são os cerebrais que se sentem mais atraídos.

Algumas das razões da atração estão no fato de ambos operarem no mundo abstrato, de ideais e idéias, de gostarem de adquirir conhecimento e de conversas profundas. Os cerebrais admiram a intensidade emocional dos idealistas, seu calor humano e o entendimento incomparável que têm das pessoas, pois geralmente carecem dessas "competências".

Quando ocorre uma parceria entre um idealista e alguém de outro temperamento, o parceiro pode esperar apoio, compreensão e amor contínuo. Nenhum outro temperamento compreende tão bem as disposições íntimas (carências, receios, humor) das pessoas como os idealistas. Além disso, sabem produzir harmonia e entusiasmo nas horas mais difíceis, pronunciando a palavra adequada no momento certo. Está comprovado que, no mundo do trabalho, eles são os gestores mais indicados para motivar equipes e levá-las a dar o máximo, superando as dificuldades.

Idealistas têm a antena do sentimento sempre alerta para captar o que os outros sentem e esperam; nessas horas, sabem responder com carinho e compreensão. Estão quase sempre prontos a consolar aqueles que foram feridos pelo mundo externo e, mesmo que seus companheiros hajam incorrido em erro e provocado a hostilidade, dificilmente lhes jogarão isso na cara, o que não ocorre com os outros temperamentos, em geral muito francos.

É lógico, portanto, considerar os idealistas *experts* na arte do apreço. Por terem muita facilidade com a linguagem, conseguem encontrar as palavras certas, as nuanças, os sinônimos precisos e o tom de voz adequado. Costumam fazer uso da comunicação verbal e não-verbal de forma envolvente, compreensiva e, sobretudo, verdadeira. Assim, são artistas da intimidade. No entanto, essas características acarretam um pesado ônus: a sobrecarga emocional, o sacrifício e o sentimento de culpa. Idealistas tendem a pensar que os outros sentem da mesma forma que eles e que valorizam o que eles valorizam. Quando descobrem que tais crenças são profecias autocriadas, vem a desilusão.

Invariavelmente, idealistas têm de conviver com pessoas que pouco têm que ver com eles (a comprovação é estatística, pois esse grupo não supera 15% da população): os hedonistas, que necessitam de novos objetos de consumo e prazer para continuar vivendo bem, às vezes reagem com sarcasmo (em especial os hedonistas pensadores) ao "espiritualismo" dos idealistas; os guardiães prezam muito as aquisições materiais e consideram "loucura" lutar por um mundo diferente; e os cerebrais quase sempre são céticos em relação a ideais de liberdade, igualdade e amor sublime.

Quando um idealista se enamora de um hedonista instala-se uma tensão difícil de resolver. O hedonista valoriza extremamente o contato corporal, que encara de forma natural e sem pudores. O idealista, não; embora considere o contato físico expressão de paixão, encara a cópula como um momento de entrega da alma e, por isso, confiança e magia são indispensáveis. Para além da fricção de corpos e troca de fluidos, idealistas sentem o ato sexual como uma comunhão de sua alma com a alma do parceiro, razão pela qual muitos o consideram o encontro do sagrado, ou o *grande desejo*, como já citado.

As mulheres idealistas valorizam o encontro sexual como uma oportunidade de estar em contato com seus amados e preferem dar a receber prazer. Não apreciam o chamado sexo selvagem, pois para elas esse é o momento dedicado à beleza (é preciso lembrar sempre que estética e ética são dois valores cultuados pelos idealistas).

Elas precisam dessa fantasia: a paixão revestida pelo belo. Mesmo os homens – que sofreram forte influência das culturas patriarcais ao longo dos séculos e são menos sonhadores que as mulheres – gostam de romantizar a relação. Preferem a fase que antecede o encontro carnal, quando esperam pelo momento de estar com suas amadas, fazem versos que não mostram ou cuidam do corpo para que se torne mais agradável ao toque. A idéia do encontro e o preparo, para ele, são mais encantadores do que a sua concretização.

Dessa forma, muitas vezes, os homens passam longo tempo silenciosos ou afastados após um encontro íntimo. Eles necessitam dessa pausa para reidealizar a pessoa amada e retornar mais apaixonados. Durante o intervalo, lembram-se de cada momento e o revivem com novas cores e nova intensidade.

As mulheres reagem de forma diversa. Se estiveram com o homem amado, passam as horas e os dias seguintes pensando nele e marcando o tempo para um novo encontro. Se houver decepção na intimidade, procurarão encontrar desculpas para as falhas dos parceiros. Elas precisam enxergar perfeição no ato, e, se ela não existir de fato, preenchem as falhas com recursos de sua prodigiosa imaginação.

É importante destacar que os idealistas atribuem grande importância à beleza, entendida como um conceito apolíneo: quer dizer, ela destoa de uma norma ou de um padrão socialmente aprovado, constituindo-se muito mais de reconhecimento de uma "alma". Um exemplo que me ocorre é a belíssima cena do filme *Morte em Veneza*, quando o agonizante professor Aschenbach parece entrar em transe ao mirar a beleza diáfana do jovem Tadzio, na praia. Trata-se do belo que transcende o aspecto físico. O autor do romance que deu origem ao filme, Thomas Mann, afirma no livro que se o belo real nos aparecesse (por exemplo, na forma de uma divindade) "pereceríamos".

Para finalizar, cito uma interessante observação que ouvi do filósofo Renato Janine Ribeiro, em uma palestra dedicada à paixão. Disse Ribeiro que o sentimento vivido pelos idealistas, que é o amor de eleição, é uma "vitória da intimidade" e representa a conquista do "espaço que, a partir do final do século XVIII, vai se revelando como o da verdade expressa nos sentimentos, contraposta à falsidade resultante das racionalizações e dominações".

Destaca também que "o amor lhes chega com certa dificuldade, mas quando se enamoram é para a vida e para a morte; e nenhum, perdido o seu amor, tem forças para sobreviver a ele" (ler mais sobre este aspecto no capítulo 7, dedicado às influências da cultura).

NOTAS

AMOR ROMÂNTICO: DEVOÇÃO À MULHER

A história é quase um moto perpétuo. O ideal das feministas, em meados do século XX, que era o reconhecimento da mulher em pé de igualdade com os homens, já havia habitado corações e mentes muitos séculos antes. Curiosamente, foram os homens que, durante os séculos XII e XIII, elevaram a condição feminina a um patamar jamais atingido. Eram trovadores, poetas e músicos que circulavam entre o sul da França, parte da Espanha e da Itália proclamando aos quatro ventos o amor cortês (por uma dama inacessível, geralmente casada, de que é exemplo o romance *Tris-*

tão e Isolda) e o amor adúltero, sempre com o intuito de reverenciar a mulher até um ponto máximo em que o sentimento se confundia com a devoção religiosa. Esse amor idealizado, pairando acima da vida prosaica, é de certo modo o embrião do amor almejado e praticado (embora de forma imperfeita) pelas pessoas de temperamento idealista, nos dias de hoje.

Claro está que os trovadores eram subversivos, na medida em que nadavam contra a corrente dos costumes da época. E, tal como as feministas do século XX, com sua lira esbravejavam contra o egoísmo, a farsa, a hipocrisia e a falsidade nos relacionamentos. Audaciosamente, eles contribuíram para que as mulheres – especialmente as da nobreza – alcançassem um *status* que não conseguiriam atingir sozinhas e, com sua música e poesia, refinaram os costumes e lapidaram muitos espíritos embrutecidos, tornando mais gentis as relações entre homens e mulheres.

Essa delicadeza sentimental foi interrompida nos séculos seguintes e retomada no século XIX, quando eclodiu o romantismo francês, um movimento que permeou toda a vida social e cultural de grande parte dos países da Europa. O romantismo foi uma reação ao classicismo, que primava pelo rigor formal e pela supremacia da razão sobre a emoção. Os artistas e literatos românticos insurgiram-se contra a tirania, e sua subversão serviu de inspiração para a independência das colônias européias e o fim da escravidão. Um romântico brasileiro ímpar foi o poeta baiano Castro Alves, que amou da mesma forma apaixonada as mulheres e a causa da abolição da escravatura.

Os autores românticos valorizavam a imaginação, a intuição, o sentimento e a emoção. Reivindicavam, também, liberdade para interpretar o mundo e o direito de expressar uma visão pessoal e íntima.

Mulheres subversivas

Apesar da aparente desvantagem das mulheres idealistas em relação às de outros temperamentos, ou talvez até por causa disso, foram elas que lideraram o movimento feminista. Ao reivindicar igualdade em relação aos homens, não queriam equiparar-se a eles, mas ter direitos sobre o próprio corpo (inclusive de se negar ao encontro íntimo, se não o desejassem) e atender aos anseios por uma parceria mais plena nas relações a dois.

A revolução feminista, que eclodiu em meados da década de 1960, gestava idéias e sonhos de mulheres (não apenas de idealistas, mas também de hedonistas e cerebrais), que pronunciaram um sonoro "não" aos padrões dos guardiães que vigoravam (e ainda vigoram, em muitos pontos do planeta) nas sociedades humanas com as mulheres desempenhando papéis subalternos e representando a parte frágil e dominada do casal (em muitos lugares essa ainda é a realidade).
As idealistas pensaram sonhadoramente que, mediante o reconhecimento das qualidades femininas, o mundo masculino acordaria e haveria então possibilidade de o casal estabelecer relações de parceria. Esse desejo faz relembrar os amores tão bem cantados pelos trovadores no final da Idade Média, recuperados pelos poetas do romantismo alemão e francês. Reais ou fictícios, tais amores, como os de Tristão e Isolda e Romeu e Julieta, impressionaram de tal forma o inconsciente coletivo da humanidade que, na época atual, marcada pela promiscuidade, grande número de mulheres ainda nutre esse ideal.

Feministas hedonistas?

A extroversão das idealistas muitas vezes faz que sejam confundidas com mulheres hedonistas. Exemplos históricos de precursoras do feminismo são algumas mulheres que inscreveram o nome no calendário dos feitos dos milênios. Frinéia, a cortesã mais famosa da Grécia Antiga, financiou a reconstrução da muralha de Tebas, destruída por Alexandre Magno. O escultor Praxíteles, seu amante, tomou-a por modelo de sua obra-prima *Afrodite nua*, exposta no templo de Cnido.
Aspásia, amante de Péricles, o maior tribuno grego, teve enorme participação na vida pública. Manteve, a exemplo do que fariam algumas cortesãs séculos depois, um salão onde recebia os homens notáveis (e também suas esposas) de Atenas, para discutir filosofia e política.
Outras idealistas igualmente importantes foram Heloísa, Marie D'Agoult e sua filha Cosima Wagner, e a maior de todas, George Sand, pseudônimo de Aurore Dupin que, entre outros homens, amou o poeta Alfred de Musset, o músico Frédéric Chopin e o pintor Delacroix. Independente e culta, Sand foi escritora e política. Sua precursosa, co-mo mulher culta e engajada, foi Heloísa. Esta contava dezessete anos quando se apaixonou por Abelardo, e Sand tinha o dobro quando se libertou do marido parasita e tirano para trabalhar como jornalista em Paris. Heloísa casou-se secre-

tamente com Abelardo e nunca pôde se libertar dele. O tio e preceptor dela, cônego Fulbert, ao descobrir o enlace, mandou castrar Abelardo. Desesperado e humilhado, ele recolheu-se a um mosteiro, mas, antes, obrigou Heloísa a se tornar freira, mesmo sem ter vocação. No convento, ela lhe escreveu cartas muito apaixonadas, enquanto Abelardo lhe ditava normas de comportamento.
Marie D'Agoult, amiga de George Sand e igualmente jornalista e romancista, que escrevia sob o pseudônimo de Daniel Stern, apaixonou-se pelo músico Franz Liszt pelo qual abandonou o marido e os filhos. O mesmo fez a filha deles, Cosima. Casada com o músico Hans von Bülow, deixou-o para viver com o músico Richard Wagner.

PARCERIA PERFEITA
Giuseppe Garibaldi – Anita Ribeiro da Silva

Um casal revolucionário, uma parceria inédita. Nunca na história – nem antes nem depois de 1835 – registraram-se feitos como os desse casal, ainda que pelos séculos tenham passado muitos idealistas. Porém, quase sempre, foram almas que caminharam sozinhas, porque os idealistas são raros e, quando ocorre uma parceria revolucionária, geralmente se dá entre pessoas do mesmo sexo.

Começando pela francesa Joana D'Arc, na longínqua Idade Média, passando por Maria Quitéria, a baiana que se vestiu de homem para poder lutar pela independência do Brasil, até as primeiras feministas (Júlia Lopes de Almeida, Nísia Floresta Brasileira Augusta, Carlota Pereira de Queiroz, Bertha Lutz e Patrícia Galvão, a Pagu), que saíram a campo para brigar pelos direitos das mulheres, nenhuma dessas heroínas conseguiu igualar-se a Anita Garibaldi.

Sua existência foi curta, mas sua parceria com Giuseppe, intensa, tanto no Brasil como na Itália. Denominados "heróis de dois mundos", Giuseppe Garibaldi (nascido em 1807, em Nice, então pertencente à Itália) e Ana Maria de Jesus Ribeiro da Silva, nascida em Morrinhos, Santa Catarina, conheceram-se durante a Revolta dos Farrapos, que proclamou a República de Piratini, no Rio Grande do Sul, cuja bandeira tinha por dístico "Igualdade e liberdade para a humanidade". Ele estava com 31 anos, ela, com apenas 17.

Apesar da pouca idade, já havia se casado com o sapateiro Manuel Duarte de Aguiar, pois ficara órfã muito cedo. Seu pai fora Bento Ribeiro da Silva, conhecido como Bentão da Silva, nascido em Lages, Santa Catarina. Casara-se com Maria Antônia de Jesus e da união nasceram muitos filhos, entre eles as meninas Manuela e Ana Maria. Bentão tomara parte das missões castelhanas, vindo a falecer em Tubarão.

Anita era dotada do mesmo espírito guerreiro e idealista dos pais e, tão logo se casou com o sapateiro, ouviu falar da Revolução dos Farrapos, comandada por Bento Gonçalves. Em 1835, Garibaldi chegou àquela província com seus navios, depois de fugir da Itália por causa da derrota de Giuseppe Mazzini, seu companheiro e líder da campanha pela unificação daquele país.

O "Risorgimento" – nome dado ao movimento da unificação – foi a primeira causa a que o jovem marinheiro a serviço do rei do Piemonte aderiu. A instauração da República de Piratini, no sul do Brasil, foi a segunda, seguida da luta pela implantação da República Juliana, em Santa Catarina.

Foi nessa época que os destinos dos dois heróis se misturaram. Dizem os historiadores que Anita ficou hipnotizada com o fervor libertário de Garibaldi e que ele se encantou com a bela morena que, além de guerreira, era uma companheira meiga e dedicada.

A República de Piratini foi uma falsa vitória. Os imperialistas venceram e os farrapos tiveram de retornar ao Rio Grande. Anita acompanhou seu parceiro, participando de todos os combates, transpondo montanhas, atravessando mata fechada e vencendo a nado rios caudalosos, já em adiantado estado de gravidez do primogênito, que viria a ser, no futuro, o general Menotti Garibaldi.

Perder a revolução não abateu o intrépido italiano que imediatamente partiu para defender Montevidéu da ambição do ex-presidente Oribe, protegido pelo tirano Rosas, ditador da Argentina. Nessa cidade, Anita e ele se casaram na igreja de São Francisco, passando ela a assinar seu nome como Anita Garibaldi.

O casamento não significava uma nova vida, como acontece com a maioria dos casais. A chama do ideal era mais forte e a Itália clamava pelo herói. Era preciso que fosse auxiliar Mazzini a tirar o seu país do domínio da Áustria. Giuseppe partiu com Anita e o menino pequeno, pensando em estabelecê-los em Nice, onde viviam os pais dele. Estava enganado. Anita não era mulher de ficar acomodada em casa enquanto o marido se expunha a todo tipo de perigo. A gravidez e a maternidade não a demoveram de lutar em todas as batalhas, na Itália e na França.

Em 1849, Mazzini e Garibaldi proclamaram a República Romana, na Lombardia, mas foram sitiados pelos franceses. Com a cabeça a prêmio, Garibaldi teve de fugir. Coube a Anita, grávida e doente, além de faminta, comandar a retirada do grupo de libertadores. Um amigo a conduziu até Ravena e o marquês de Guiccioli lhe deu guarida. Porém, a inanição, o cansaço e a febre venceram. Anita faleceu em 4 de agosto daquele ano. Ela não viveu para assistir ao triunfo do Risorgimento.

Viúvo e desiludido, Garibaldi refugiou-se durante cinco anos nos Estados Unidos e depois no Peru. Em 1854, voltou para combater em uma nova guerra contra a Áustria, assumindo o posto de major-general.

Fez campanhas célebres, aplicando as táticas de guerrilha que aprendera na América do Sul e que culminaram na anexação da Lombardia ao Piemonte, na conquista das duas Sicílias e da Úmbria. Os territórios conquistados foram entregues ao rei do Piemonte, Vítor Emanuel II.

Posteriormente, Garibaldi dirigiu suas tropas para os Estados Pontifícios, convencido de que Roma deveria ser a capital do recém-criado Estado italiano, mas o papa foi vencedor. Em 1861, Vítor Emanuel II era proclamado rei da Itália.

Após a unificação, Garibaldi fez parte da expedição para a anexação de Veneza e, em sua última campanha (1870-1871), travada durante a Guerra Franco-Prussiana, participou da batalha de Nuits-Saint-Georges e ajudou a libertar Dijon.

Por seus feitos, a França o nomeou para a Assembléia Nacional, mas ele preferiu voltar à Itália, onde foi eleito deputado para o Parlamento italiano. Morreu em Capri, em 2 de junho de 1882. Sobreviveu à Anita 33 anos, mas jamais teve outra mulher.

Um século após a morte da heroína brasileira (1949), registraram-se homenagens em Roma, Gênova, Milão e Ravena, assim como em Santa Catarina e no Rio Grande do Sul. Atualmente, estátuas de Aninha (como era carinhosamente chamada pelos que a conheciam) marcam a paisagem de diversas cidades italianas e brasileiras.

6 Cerebrais, companheiros mentais

A palavra cérebro costuma assustar mulheres e homens que procuram namorados, esposos, companheiros, enfim, alguém com quem possam ter um relacionamento amoroso. Quem assistiu ao filme *O mágico de Oz* deve lembrar-se bem daquele espantalho que queria mais que tudo no mundo possuir um cérebro. Cérebro para quê? Para pensar.

Erroneamente, grande parte das pessoas acha que os tipos pensadores não têm sentimentos ou, se os têm, dão a eles pouca importância. Gente que prefere utilizar raciocínio lógico e intuição, os chamados cerebrais, é dotada de sentimentos como quase toda a população (apenas pessoas mentalmente doentes ou deficientes são passíveis de não ter sentimentos).

Há, no entanto, que fazer uma ressalva: diferentemente dos tipos sentimentais (aí se inserem tanto os sensoriais hedonistas e guardiães como os intuitivos sentimentais ou idealistas), os cerebrais (a não ser que sejam muito extrovertidos) expressam sentimentos como amor, apreço, amizade, desejo, ciúme, raiva, dor etc. de forma sutil.

Por exemplo: é muito difícil para um cerebral cortejar. Cerebrais acham que os rituais que antecedem o namoro são desnecessários e muitas vezes sentem-se ridículos carregando um buquê de flores. Isso não quer dizer que sejam francamente adeptos do "ficar" da época atual. Embora esse modo de se relacionar seja muito prático e ideal para eles, pois os libera dos rituais da "azaração", a maioria fica com o pé atrás, porque sua mente é "desconfiada".

Cerebrais

Perfil	Geralmente intelectuais. Independentes e pouco comunicativos.
Buscam	Autonomia, desafios mentais, ampliar conhecimentos, comandar.
Visão de mundo	A realidade concreta é menos interessante do que a abstração.
Estilo	Visionários, céticos, pouco interessados em assuntos do dia-a-dia.
Tempo favorito	Futuro.
Problemas com	Assuntos práticos e do cotidiano, resolução de conflitos.
Vantagens	Visão holística: vêem todas as variáveis; normalmente imparciais.
Essencial	Ser sábio e pragmático (descobrir os meios para atingir os fins).

E há mais um aspecto a considerar: cerebrais são pouco dados a baladas, festas e comemorações em que possam encontrar um futuro par. Uma conclusão que se pode tirar, de imediato, em relação aos cerebrais, é o seu parco interesse por reuniões sociais, paquera, jogos amorosos e símbolos de sedução. Muitos nem sequer têm traquejo para manter uma conversa telefônica fora do âmbito de assuntos de seu interesse.

O foco dos cerebrais é o conhecimento, o estudo, a pesquisa, a decifração de enigmas e mistérios universais. E, embora o ser humano também seja enigmático, os cerebrais temem, na maioria das vezes, enveredar por esse campo, pois nele se sentem desorientados. Para decifrar pessoas, não podem contar com instrumentos de precisão nem com teoremas e fórmulas matemáticas, assuntos que eles geralmente dominam bem.

De modo geral, sentem-se desajeitados, especialmente os tipos introvertidos. Rapazes com esse temperamento, mesmo que muitas vezes sejam apreciados por garotas que preferem os tipos discretos e intelectuais, dificilmente dão o primeiro passo para uma aproximação. Quase sempre eles querem que a iniciativa parta delas. As moças cerebrais, por sua vez, ainda são vistas na maioria dos lugares como pouco femininas ou "chatas" e, se elas não tiverem algum encanto físico, dificilmente arrumam companhia.

A esta altura, leitores poderão pensar que um curso sobre aproximação social e relacionamento resolveria a questão. O problema é que cerebrais não estão dispostos a "perder tempo" com técnicas.

Ainda que a maioria das pessoas duvide, cerebrais não se importam se seus colegas de colégio ou faculdade são mais populares e fazem sucesso com o sexo oposto. Aliás, eles também podem fazer sucesso, sem qualquer esforço, mas raramente se dão conta disso. Ou, se dão, preferem não desviar o foco de seus interesses, investindo em um um projeto de sedução em vez de se ocuparem com suas teses, criações e pesquisas.

Essa característica costuma ser um tormento, principalmente para jovens de outros temperamentos que se interessam ou se apaixonam por colegas de classe ou de trabalho cerebrais, pois demora muito para que a "ficha caia". Freqüentemente, cerebrais precisam de intermediários para que as coisas rolem. E, mesmo assim, é necessário que se convençam de que realmente são desejados e queridos e que o investimento de tempo e energia vale a pena.

Embora não pensem muito nisto, o casamento, para os cerebrais, é importante como sustentáculo material e psicológico. Como são empíricos e objetivos, não fazem questão de se casar apaixonados. Mais que temperamento, observam o caráter do(a) candidato(a) a marido ou esposa. Verificam, também, se tem virtudes que valorizam, como competência para cuidar de uma família e administrar a casa, uma vez que eles/elas não querem gastar seu precioso tempo com tais atividades. Além de não gostarem de tarefas operacionais, raramente têm habilidades nessa área. Isso significa que, ao longo dos séculos e ainda hoje, o casamento com um tipo sensorial (guardião, principalmente) costuma dar certo, pois ele se comporta como o "anjo protetor" e o supervisor da vida prática.

Certa vez, conversei com a esposa (guardiã sentimental extrovertida) de meu chefe (cerebral introvertido). Ele havia sofrido um infarto que o obrigou a fazer uma difícil cirurgia e o levou a uma prolongada convalescença. Quando retornou ao trabalho, talvez por estar mais sensível, abriu-se comigo e comentou o quanto devia à mulher por estar curado e com boa expectativa de vida. Eu me admirei da confidência, pois ele era um alto executivo cheio de pose, considerado por meus colegas uma pessoa arrogante. O casamento acontecera trinta anos antes (quando ela o conquistara pelo estômago, segundo relato da mulher), e, desde então, ela se dedicava com afinco a manter a união nos trilhos. Eu, sem saber de nada, comentei com ela os elogios que o marido lhe fizera e como ele estava contente por ter sido competente ao escolhê-la. Ela ficou visivelmente abalada e, com lágrimas nos olhos, confessou: "Se você não me contasse, eu jamais saberia. Ele fala pouco e nunca disse que me amava".

Competência e auto-estima

Observações em ambientes universitários e empresariais me fizeram concluir que os cerebrais preferem chamar a atenção por sua engenhosidade e gostam de brilhar em sua área de atuação. O reconhecimento, a deferência e o prestígio são o combustível que alimenta sua auto-estima e justifica sua forma de estar no mundo. Moças espertas (sensoriais extrovertidas) percebem isso e se esmeram em "levantar a bola" de rapazes a quem consideram bons partidos. Eles são mais facilmente conquistados por um elogio à sua inteligência e conhecimento do que à aparência física ou *sex appeal*.

A maioria dos homens e mulheres cerebrais não se interessa tanto por sexo como ocorre entre os sensoriais, especialmente os hedonistas. No entanto, costumam demonstrar perícia quando o relacionamento é eventual. Em encontros contingenciais, podem causar boa impressão, pois conseguem expor seu lado bem-humorado, contar algumas piadas ou brincar com a parceira. Se tiverem bebido um pouco além da conta (o que não é comum, já que cerebrais costumam ter poucos vícios, sendo os maiores o intelectualismo e, principalmente, o isolamento), é possível que o sentimento – sua função mental menos usada – aflore e eles se tornem até românticos.

Se os encontros íntimos se repetirem é porque encontraram algo mais nos parceiros; o sexo, mesmo que seja muito gratificante, não tem força suficiente para mantê-los unidos ao parceiro. Fundamentalmente, é necessário que tenham pontos em comum, como um projeto, uma área de estudo, um sentido de vida. Os cerebrais apreciam os tipos mentalmente nutridores ou com afinidades intelectuais para estabelecer uma parceria dentro e fora de casa. Exemplos que me ocorrem são os casais Pierre e Marie Curie (somente um homem cerebral, como Pierre, entenderia o fascínio que a ciência exercia sobre Marie e lhe daria o tempo e o espaço de que ela necessitava para fazer suas pesquisas, as quais lhe valeram o Prêmio Nobel por duas vezes), Albert e Mileva Einstein, Jean-Paul Sartre e Simone de Beauvoir. A história do último casal percorreu todo o século XX, causando inveja em quem desejava viver como eles e gerando críticas ferozes dos vigilantes da "moral e dos bons costumes".

Sartre e Beauvoir desprezavam a união formal, mas consideravam a relação que mantinham muito necessária em con-traposição aos casos que estabeleceram com outras pessoas, meramente contingentes. Amigos de ambos contaram que ela arranjava garotas – geralmente suas alunas favoritas na Sorbonne – para ele, e houve quem especulasse se Simone as testava antes de passá-las para o parceiro.

O fato é que ela foi adorada por duas ou três gerações de mulheres, principalmente quando afirmou que não se nasce mulher; torna-se mulher. Com isso, queria dizer que para o patriarcado era indispensável que a mulher continuasse submissa ao homem; portanto, a socialização das meninas tinha como meta mantê-las em segundo plano, como o "segundo sexo".

Simone foi considerada heroína por denunciar o complô da cultura contra as mulheres e tida como grande exemplo da jovem liberada, mas essa conclusão é simplória. Digo isso por dois motivos; primeiro: muitos séculos antes de ela nascer, mulheres famosas ou comuns, entre as quais Cleópatra (rainha do Egito), Catarina de Médicis (rainha da França) e Catarina II, denominada "a Grande", da Rússia, já haviam demonstrado de sobra o poder e a liberdade que uma mulher cerebral pode acumular. Porém, para elas era mais difícil subverter a ordem, porque representavam o trono, o poder estabelecido. Segundo: Simone era dada a deitar-se com garotinhos, como é usual entre mulheres de seu temperamento (Catarina da Rússia colecionou diversos), e ficou doida por um aluno de Sartre, Claude Lanzmann. Mais significativo: ela destoou do ideal feminista ao apaixonar-se pelo escritor norte-americano Nelson Algren (ver quadro Parceria perfeita ao fim do capítulo).

Conforme registraram historiadores e jornalistas, Simone chegou a implorar para que Nelson a deixasse viver com ele. Uma carta que lhe escreveu, publicada na imprensa depois que ela morreu, diz entre outras coisas: "Serei boazinha. Lavarei a louça, eu própria irei comprar os ovos e o bolo com rum. Não tocarei em seus cabelos, em suas faces, ou em seus ombros sem autorização. Jamais farei coisas que você não gostaria que eu fizesse". As declarações de Simone comprovam que até os cerebrais estão sujeitos a se queimar no fogo do amor físico, principalmente quando o objeto de desejo é belo.

Quando encontram (ou são encontrados por) um parceiro com interesses e visão afins, os cerebrais costumam ser excelentes companheiros, como provou o casal Sartre-Beauvoir ou, mais remotamente, Cleópatra e César. Destacam-se por sua lealdade, independência e ausência de possessividade. Dão e exigem para si liberdade e autonomia e confiam no parceiro até prova em contrário.

Um casal moderno com essa mentalidade é formado por Hillary e Clinton. Essa mulher cerebral, que se casou com o hedonista Bill, manteve seu matrimônio mesmo após o escândalo sexual envolvendo a estagiária Monica Lewinsky. Por que permanecem juntos? Essa pergunta foi insistentemente martelada pela mídia. A razão é óbvia: porque há interesses comuns e uma meta de vida, a política, muito mais forte que a cama. Hillary faz parte de um pequeno grupo de mulheres competitivas e altamente calculistas, para quem o casamento tem de trazer retornos que superem o investimento inicial.

Há boas pistas no comportamento do casal Clinton sobre os elos da união de um hedonista com uma cerebral. Enquanto ele é espontâneo, falante, piadista e, de certo modo, amoral, ela se apresenta como uma mulher pudica, discreta e reservada. No entanto, ambos são ambiciosos e ousados, cada um a seu modo. Esse é um padrão facilmente encontrado em pares do temperamento deles, notadamente no ambiente empresarial e político, ainda que muitas vezes os temperamentos estejam invertidos. Ou seja: é mais fácil encontrar homens cerebrais de prestígio casados com mulheres hedonistas.

Homens públicos, por serem alvos fáceis da mídia, geralmente evitam falar de sua vida particular; porém, quando querem comprar a adesão do povo às suas idéias, recorrem às esposas (hedonistas ou guardiãs), sempre bastante eficientes para projetar uma imagem calorosa e humana dos maridos.

Caminhando devagar

Assim como acontece com os idealistas, os cerebrais constroem a intimidade e o relacionamento amoroso dando um passo de cada vez, observando muito o parceiro para extrair de seu comportamento *insights* valiosos. Para eles, o relacionamento com outra pessoa jamais significa divertimento (como ocorre com os hedonistas), nem participação social (o caso dos guardiães), nem cumplicidade profunda (característica dos idealistas). Sem meias-palavras, os cerebrais somente se envolvem profundamente com alguém que seja digno de seu investimento pessoal!

Essa afirmação pode parecer um sinal de soberba ou cálculo. Na verdade, cerebrais são guiados pela lógica. Eles pesam cuidadosamente cada uma de suas expectativas e interesses e somente investem depois de analisar condições e contingências, esforço a ser despendido e resultados possíveis. E, é claro, precisam saber que existe reciprocidade.

Eles costumam ser honestos. Mentira, disfarce e manipulação são palavras que dificilmente fazem parte de seu dicionário particular. Mesmo quando desejam envolver-se durante um curto espaço de tempo, fazem questão de deixar isso claro para a outra parte. Se o arranjo não agradar ao(à) possível candidato(a), dão de ombros e tiram o time de campo. Lamentam, mas vão embora assim mesmo.

Porém, se, ao contrário, a relação se encaminhar para um compromisso de longo prazo, assumem a união conforme a praxe e fazem tudo para honrar o prometido. Mesmo que, com o passar do tempo, a relação se revele em alguma medida insatisfatória, preferem não romper. Aliás, nem é próprio dos cerebrais verbalizar o descontentamento com um parceiro que os decepcionou de alguma maneira.

Os cerebrais e os outros

Os cerebrais extrovertidos são mais atirados que os introvertidos, embora também gostem de manter distância e deixam essa preferência bastante clara para os outros. Como são "investidores", têm uma lista de predicados que esperam encontrar no futuro parceiro. Beleza pode ser um dos itens, tanto no caso dos homens como no das mulheres. Mas, salvo as exceções de praxe, dificilmente se interessam por pessoas exibicionistas ou vulgares. A beleza que em geral apreciam é muito mais composta de harmonia, elegância e compostura do que sensualidade, desinibição e aparência moderna.

Contudo, apesar de agirem sempre conforme a lógica, não é impossível que cerebrais escolham, como ocorre com o restante da população, parceiros com comportamento escandaloso, vulgar ou calculista. Pode-se concluir que a objetividade que tanto prezam os impede de ver para além das aparências. Os quase sempre inteligentes cerebrais são, com freqüência, um tanto ingênuos com relação ao comportamento, pois são facilmente enganados por gente com discurso atilado, atitude corajosa e postura reverente.

Eles podem sentir-se atraídos por hedonistas pensadores (cerebrais, como eles, mas práticos). Hedonistas, do mesmo modo que os guardiães (ambos sensoriais), acumulam experiência de vida, têm percepção afiada das situações favoráveis, expediente e audácia. Em uma palavra, são espertos. E a esperteza com freqüência desbanca a inteligência, especialmente em um mundo flagrantemente amoral, competitivo e materialista.

Casamentos entre hedonistas e cerebrais não são raros. Os cerebrais se impressionam com o desembaraço, a ousadia, a espontaneidade e o otimismo dos hedonistas, "qualidades" que, quase sempre, faltam neles. No entanto, também é comum que se separem, pouco tempo depois, porque o gosto pela celebração e o pouco interesse pelo intelectualismo, características encontradas entre os hedonistas, acabam frustrando ou cansando o parceiro cerebral.

Recententemente, uma união que ganhou as manchetes dos jornais foi a da hedonista Carla Bruni (ex-modelo e cantora) com o presidente da França, Nicolas Sarkozy (cerebral). Ele tem revelado algum talento de estrategista, escondendo sua tendência para a tirania mediante comportamentos públicos que confundem os eleitores. Sarkozy demonstra que se considera acima dos demais mortais e confunde a opinião pública ao casar-se com uma mulher popular e nem um pouco intelectualizada. Por outro lado, assumiu um comportamento arrogante ao sugerir que a União Européia vetasse a entrada de imigrantes da América Latina e de outros países em desenvolvimento. No entanto, fez "média", dizendo que boicotaria a Olimpíada caso a China continuasse a violar os direitos dos tibetanos.

Hedonistas, eternos perseguidores do prazer, das novidades "mundanas" e dos holofotes, como é o caso de Carla Bruni, aborrecem-se com a convivência muitas vezes solitária com um cerebral. Não parece ser o caso de Carla, que tem atuado como eficiente marqueteira do marido. Na maior parte das vezes, porém, quando hedonistas convivem longamente com cerebrais, aqueles o fazem por interesse econômico (cerebrais conseguem ganhar e guardar mais dinheiro, além de se destacarem socialmente). Nesse caso, juntam a segurança que a situação financeira lhes dá com a liberdade para se aventurar, pois cerebrais não são vigilantes em relação ao comportamento de seus parceiros.

Os guardiães, tanto os pensadores como os sentimentais, costumam dar-se bem com os cerebrais, pois têm muitas afinidades: de certa forma, falam línguas parecidas. As mulheres valorizam o *status* social de um cerebral bem-sucedido no mundo político, empresarial ou acadêmico. Como ambos não são tão sexuais quanto os hedonistas, e também por se sentirem confortáveis com a rotina, o casamento pode durar para sempre. Geralmente, o membro guardião toma as rédeas da vida doméstica e também das finanças. Um exemplo gravado na história foi o de Thomas Edison, o grande inventor que nunca conseguiu fazer felizes suas mulheres, pois estava sempre ocupado com novos projetos. Elas, porém, sentiam-se recompensadas por causa do *status* social que o marido famoso lhes proporcionava.

Com esposas cerebrais, a vida não corre de modo tão fácil. Ao longo dos milênios, os homens aprenderam a temer parceiras com esse temperamento, consideradas frias, carreiristas e pouco afeitas ao lar. Além disso, receiam que elas obtenham maior destaque social do que eles, o que seria motivo de sofrimento moral. Sabem também que terão de assumir tarefas que tradicionalmente cabem às esposas, como a educação dos filhos; portanto, terão menos tempo para dedicar à própria carreira.

Uma vantagem em ter um marido ou esposa cerebral é que se pode confiar neles. Embora não sejam expressivos em questões sentimentais, geralmente são transparentes, e essa característica é um fator de segurança quanto à fidelidade, qualidade muito valorizada por pessoas do grupo guardião.

Tipos idealistas costumam encantar homens e mulheres cerebrais. Ambos valorizam muito a intuição, o conhecimento, os estudos e a sabedoria. Além disso, como fator extra, os idealistas lhes oferecem algo de que carecem: acolhimento íntimo, calidez e compreensão ilimitada. Para os idealistas, os cerebrais também representam uma promessa de felicidade, afinal, eles são os únicos que apreciam o mundo em que os idealistas preferem viver: o das abstrações, da imaginação, das possibilidades e das idéias.

Geralmente, esse tipo de casal se dá bem. Principalmente, se ambos tiverem a mesma atitude em relação ao mundo externo: a extroversão ou a introversão. Os casais extrovertidos podem trabalhar juntos em projetos que contribuam para mudar seu bairro, sua cidade, seu país ou o mundo. O idealista entra com a causa e o cerebral com sua visão pragmática e estratégica.

Casais introvertidos também podem dar-se bem, mesmo que um dos integrantes tenha vida social mais agitada. Um bom exemplo dessa parceria aparentemente perfeita foi o casal Mario Henrique Simonsen e Iluska. Ambos não gostavam de vida social, saíam apenas para assistir a concertos e costumavam varar madrugadas jogando xadrez.

No entanto, não é difícil encontrar idealistas que se queixam de que lhes falta o essencial: o envolvimento integral. Idealistas procuram incessantemente por alguém que se entregue inteiramente a um relacionamento, que não se furte a sonhar e a construir utopias. É nessa área que os conflitos costumam surgir. De um lado, há a busca da transcendência e a expressividade emocional do idealista; de outro, a fleuma e o pragmatismo do cerebral. O cerebral se assusta com a intensidade do parceiro e o idealista não se conforma com o autocontrole do companheiro. Um, focado em pessoas e causas humanitárias; outro, centrado no intelectualismo e no tecnicismo. Apesar disso, os casamentos entre esses dois temperamentos costumam ser duradouros. A literatura norte-americana forneceu um bom exemplo desse par: o cerebral Dashiel Hammet, escritor de livros policiais e roteirista de

Hollywood, viveu uma vida venturosa e aventurosa com a idealista Lillian Hellman, dramaturga.

Pesquisadores e orientadores de casais com quem conversei acreditam que o casamento perfeito para cerebrais é aquele em que o parceiro é um idealista. A liga se dá por meio do interesse de ambos pelo que é "interno" e abstrato, pela comunhão de idéias e pela fascinação por hipóteses, *insights* e conceitos. Nesse tipo de união, salientaram, o calor humano que o idealista leva para o casamento funciona como uma espécie de refúgio que garante harmonia íntima para o cerebral. Já o cerebral, por ser quase sempre calmo, contribui com sua fleuma a fim de orientar e acalmar o quase sempre muito intenso idealista.

NOTAS

PENSAMENTO *VERSUS* SENTIMENTO

Os primeiros escritos de Jung falam sobre a estrutura básica da psique e suas quatro funções: sensação (percepção), intuição, pensamento e sentimento. Na mesma época, Jung introduziu também a existência de dois tipos de atitude: a introvertida e a extrovertida. Essas variáveis permitiram estabelecer oito tipos psicológicos básicos, resultantes da combinação dessas categorias.
As atitudes introversão/extroversão nada dizem sobre a questão do sentimento, do afeto ou das sensações, mas tão-somente de sua expressão.
Com o intuito de clarear o tema, o psicanalista James Hillman desenvolveu um estudo a respeito da função sentimento. Hillman (1995a, p. 123) afirma que é comum confundirmos sentimento com percepção sensorial. Dor e prazer, diz ele, são primariamente sensações.

> Todavia, a dor tem, além da pura sensação, uma dimensão de sentimento, tendo em vista estar ela vinculada com o sofrimento ou desprazer. Também o prazer apresenta uma dimensão de sentimento (a alegria, por exemplo), de maneira que podemos sentir-nos desiludidos ou infelizes por causa de uma punição dolorosa ou satisfeitos graças a um jantar delicioso.

Conclui-se, pois, que definir e conceituar sentimentos é uma tarefa difícil. Apesar disso, costumamos valorar a função sentimento, atribuindo-lhe uma qualidade que a distingue do pensamento e da sensação, o que não pode ser aceito sem restrições, pois sentimentos não são necessariamente bons.

A questão fica ainda mais complexa quando se envereda pelo terreno das emoções. Diz Hillman (*ibidem*, p. 145):

> É comum não distinguir sentimento de emoção, afeto, paixão (sentir-se furioso, excitado, apaixonado, amargurado). As emoções são estados altamente significativos. Fornecem profundidade; dão e trazem sentido; desorganizam e criam ao mesmo tempo, apresentando a experiência da consciência do corpo.
>
> [...] A função sentimento é o processo psicológico que avalia. Por seu intermédio, apreciamos uma situação, pessoa, objeto ou momento em termos de valores. Uma condição para o sentimento é, portanto, uma estrutura de memória sentimental, um conjunto de valores, com o qual se possa relacionar o evento.

Função inferior

Homens e mulheres são igualmente pensadores e sentimentais, intuitivos e sensoriais. Algumas pessoas desenvolvem mais a função pensamento, outras, a função sentimento; uns a função sensação, outros, a intuição.

Marie-Louise von Franz, que durante alguns anos colaborou com Jung, escreveu sobre a função inferior, o inconsciente, ou a sombra de cada tipo descrito pelo psicanalista suíço. No grupo dos pensadores, por exemplo, relacionou dois tipos em que o sentimento permanece no inconsciente, podendo, num caso, jamais fluir na direção do objeto e, no outro, ter vazão descontrolada. Somente quando colocado diante de uma situação-limite é que tal indivíduo consegue estabelecer contato com sua essência mais íntima. Akira Kurosawa apresenta um personagem modelar no filme *Viver*.

As pessoas pensadoras (sejam hedonistas, guardiãs ou racionais) extrovertidas dificilmente expressam sentimentos por outros, embora os tenham e, geralmente, sejam profundos. Nesse caso, o sentimento não flui em direção ao objeto porque ele está totalmente interiorizado. No outro extremo, encontra-se o pensador introvertido, que tem como função inferior (inconsciente) o sentimento extrovertido. Para esses indivíduos, as idéias são mais importantes que os fatos. Embora altamente subjetivos, o sentimento deles é extrovertido, forte, leal e caloroso. Sabem quando amam e quando odeiam e fazem questão de expressar isso. E, mesmo sendo pensadores – o que pressupõe objetividade e autocontrole –, um tipo com sentimento extrovertido inferior costuma ser apegado. "Quando um tipo pensador introvertido ama, não há limite para seu amor. Ele se dedicará inteiramente ao outro, mas seu amor será primitivo e marcado pela falta de controle." M. L. von Franz cita como exemplo o professor que se apaixona por uma mulher fatal (Lola, representada por Marlene Dietrich) no filme *O anjo azul*, que menciono mais adiante.

A colaboradora de Jung apresenta, ainda, dois outros tipos: o sentimental extrovertido, com pensamento introvertido inferior, e o sentimental introvertido, com pensamento extrovertido inferior. O primeiro consegue fazer uma adequada avaliação dos objetos externos e tem um relacionamento apropriado com eles. Faz amizades com facilidade e a relação que tem com o mundo é amável. Apresenta capacidade de sentir objetivamente a situação de outras pessoas. Se for o caso, chega a sacrificar-se pelos outros. Todavia, não gosta de pensar, especialmente sobre questões profundas. Muitas vezes é superficialmente amoroso e, em algumas situações, totalmente "frio" (para mim, a idealista Lillian Hellman se encaixa aqui).

O tipo sentimental introvertido com pensamento extrovertido inferior adapta-se à vida por intermédio do sentimento, mas de forma introvertida. Em geral, destoa da maioria. Estabelece padrões, mas não os impõe. Sua aparência externa é impassível e silenciosa e sua personalidade consciente pouco se movimenta (um bom exemplo foi Gandhi).

Racional, pragmática e estrategista

Pode-se conhecer melhor as peculiaridades de uma mulher cerebral recorrendo à mitologia grega. Costumeiramente, a deusa Atena é apresentada como exemplo. Jung e alguns de seus seguidores costumam descrevê-la como sendo o lado feminino de Zeus, o deus mais importante do Olimpo. Pesquisadores da psicologia arquetípica, como Jean Shinoda Bolen, concordam que as mulheres modernas, que expressam fortemente o arquétipo de Atena, têm egos racionais, tidos como masculinos. Embora integre a categoria das deusas independentes, é muito ligada aos homens. Porém, é uma relação que preserva a autonomia. Homens, para mulheres-Atenas, são geralmente companheiros e não parceiros de relações afetivas ou eróticas.

Cerebral, ela apóia o patriarcado na medida em que adota seus valores e suas normas. Dá-se bem trabalhando no meio dos homens, é disciplinada, fria, respeitadora do *status quo* e dificilmente entra em competição com eles. Prefere valer-se de suas qualidades de estrategista para reverter a situação a seu favor.

Fora do trabalho, tem com os homens uma relação mais amistosa e freqüentemente se casa. Aprecia os vencedores, como Hera, mas estabelece relação diferente. Ela não precisa de um homem para se impor no mundo, como aquela. Também não aprecia os inseguros e os sonhadores.

Mulheres-Atenas geralmente não são sensuais, mas podem ser vaidosas; não são românticas nem dadas a flertes. Sexualmente, o desempenho delas é sobretudo técnico. Jean S. Bolen observou que, com freqüência, Atenas são esposas de escritório. Ela se refere às secretárias ou assistentes de altos executivos que se sentem realizadas por poder trabalhar com homens de sucesso e muitas vezes aconselhá-los.

Atenas se dão bem com todos os homens que apresentem racionalidade e direcionamento para objetivos. Isentas de ciúme, conseguem conviver com um marido que mantenha "casos" fora do casamento e, se a separação ocorrer, geralmente não criam problemas.

PARCERIA PERFEITA
Jean-Paul Sartre – Simone de Beauvoir

A imagem que se tem dos cerebrais é, sobretudo, a de um cientista, um inventor. Nem sempre cientistas inventam artefatos, máquinas ou produtos. Grande parte deles é revolucionária ao revelar ao mundo idéias que quebram paradigmas, nos mais diversos campos, como economia, política e filosofia. Os franceses Jean-Paul Sartre e Simone de Beauvoir inserem-se nesse grupo. Desde muitos jovens, foram movidos pela vontade de introduzir um novo paradigma no que diz respeito à existência humana, com base em sua experiência de vida. Como os existencialistas que os precederam – Kierkegaard e Santo Agostinho –, privilegiavam o individual para chegar ao universal, mas, diferentemente deles, eram ateus.

Apaixonados pela filosofia e pela literatura, Jean-Paul (nascido em 1905) e Simone (1908) se encontraram, pela primeira vez, em 1926, quando ela ingressou na Sorbonne. Em 1929, ambos competiram por uma vaga de professor nessa antiga e tradicional universidade francesa. Ele classificou-se em primeiro lugar e ela, em segundo. Logo perceberam que tinham muitas coisas em comum, especialmente a visão de mundo, e passaram a formar um casal totalmente diverso do convencional.

Diferentes da imensa maioria de seus contemporâneos, conseguiram descolar-se de influências familiares e, portanto, de costumes e regras herdados, o que demonstra terem sido cerebrais e ambiciosos do ponto de vista intelectual. Eles não obedeciam ao que estava estabelecido e aderiram a um modo de vida muito independente, o que, para grande parte da população – especialmente para guardiães – configurava uma forma de ser promíscua, escandalosa e arrogante. As famílias os temiam e os jovens os adoravam. Como professores de filosofia, faziam seguidores, muitos deles também companheiros de cama ou de triângulos que nada tinham de amorosos. "O amor é perverso", chegou a dizer Simone.

O fato é que o casal não hesitava em experimentar todo tipo de relacionamento, pois queria explorar todas as possibilidades da existência, ao máximo. Seus contemporâneos contam que Simone passava para Sartre suas alunas mais queridas, não sem antes viver uma experiência pessoal com elas. Em 1949, ela publicou seu maior sucesso – e também seu livro que mais chocou a burguesia –, *O segundo sexo*, no qual afirma que existe um complô milenar para manter a mulher submetida ao homem. A mulher, segundo Beauvoir, não existe, e tudo que dela se afirma como inerente à sua natureza (feminilidade, por exemplo) não passa de palavras que só servem para mantê-la em segundo plano. A escritora tinha, então, 41 anos de idade e já havia percorrido uma longa estrada, estudando a mulher no ambiente social e na vida cotidiana, não por intermédio de escritos e idéias de outrem.

Embora totalmente autônomos, Sartre e Simone consideravam a sua ligação essencial, e ela não deveria ser destruída por nenhum amante contingencial. Fizeram um pacto de fidelidade, sobretudo em relação a propósitos de vida, que terceiras pessoas jamais poderiam romper. Isso explica por que ela viveu oito anos, na mesma casa, com Claude Lanzmann, ex-aluno de Sartre, sem que isso afetasse a parceria.

Um desvio de rota poderia ter acontecido quando ela conheceu o escritor norte-americano Nelson Algren, por quem se apaixonou fisicamente, segundo revelou na época. Uma paixão da maturidade correspondida, mas que não se encaminhou para o que ela esperava. Já famosa como escritora, Simone rendeu-se ao belo e másculo Algren, a ponto de lhe escrever cartas que fizeram as feministas odiá-la. Entre outras estranhezas, Simone pedia a Algren que a deixasse viver com ele, não como esposa ou companheira, mas como sua serva, sua criada e seu capacho. Biógrafos de ambos contam que o escritor rechaçou tal súplica por moralismo (achava que somente prostitutas desceriam tanto), mas há quem acredite que ele não queria servir de cobaia de mais uma das experiências existenciais daquele estranho casal.

Enquanto Simone se dedicava a chorar pelo escritor americano, a escrever *O segundo sexo* e *Os mandarins* (que ela dedicou a Algren), Sartre seguiu para a guerra e foi aprisionado pelos alemães. Em 1941, libertado, voltou a Paris e engajou-se na Resistência Francesa. Nessa época, conheceu o escritor Albert Camus, autor de *O estrangeiro*, considerado um dos melhores livros de todos os tempos, que tem como protagonista um homem isento de emoções. A amizade durou até 1952, pois Camus atacou violentamente o marxismo e a União Soviética, xodós do casal Sartre-Beauvoir.

Em 1943, Sartre publicou *O ser e o nada*, no qual se podem encontrar todos os conceitos filosóficos que desenvolvera até então. Dois anos depois, com Maurice Merleau-Ponty, criou e dirigiu a revista *Les temps modernes*, dedicada à literatura, à filosofia e à política. Publicou também *Huis clos* (*Entre quatro paredes*), sua peça teatral mais conhecida, em que aborda a impossibilidade da convivência diária entre pessoas. É nela que está a sua frase mais famosa: "O inferno são os outros".

A década de 1950 foi um divisor de águas na vida de Sartre. Nessa época, mais engajado politicamente e também mais atuante, assumiu com Simone ser favorável à libertação da Argélia, colônia da França. Reconheceu também que as forças sociais e econômicas são mais fortes que a pessoa e que, portanto, a autodeterminação e o controle individual – que ambos tanto haviam defendido – eram uma balela.

Para resolver contradições entre a antiga e a nova postura, Sartre alterou o existencialismo e lançou *A crítica da razão dialética*. Em 1963, escre-

veu o livro *Les mots* (*As palavras*), marcando sua despedida da literatura. Concluíra que a literatura nada mais era que um substituto do comprometimento com o mundo e, por isso, era preciso agir mais e escrever menos.

Em 1964, foi eleito para receber o Nobel de Literatura, que recusou, alegando que "nenhum homem merece ser consagrado em vida". Em 1968, ano das revoltas estudantis em vários pontos do mundo, Sartre e Simone posicionaram-se ao lado dos estudantes. Nesse mesmo ano, ela questionou o papel de esposa e lançou *A mulher desiludida*. Em 1971, assinou um manifesto em que admitia ter feito um aborto ilegal.

Aos poucos, a saúde de Sartre foi se deteriorando. Simone, fiel ao compromisso que assumira, passou a produzir menos para se dedicar ao companheiro. A decadência física e mental do parceiro é por ela relatada no livro *A cerimônia do adeus* (1981) com o detalhamento e a frieza próprios de um detetive, sublime para alguns e detestável para outros. Sartre morreu em 1980, e ela, em 1986. Embora jamais tenham sido casados, foram enterrados juntos no Cemitério de Montparnasse, como convém a casais que trilharam juntos uma longa e solidária caminhada.

7 O impacto da cultura e o caráter

A personalidade humana está apoiada em dois pilares: o temperamento e o caráter. O pilar mais forte é o do temperamento. Como já foi dito diversas vezes ao longo deste livro, o temperamento é um conjunto de inclinações mentais inatas, enquanto o caráter é um conjunto de hábitos que se formam no decorrer do processo de socialização. Desde bebês, somos estimulados a nos comportar de maneira aceitável para a família e de acordo com as normas sociais. Se demonstramos algum sinal ou gesto de rebeldia, somos punidos. A punição pode ser tanto uma "cara amarrada" quanto uma palmada ou a privação de algo que apreciamos. No entanto, somos premiados quando demonstramos que aprendemos as normas de conduta do meio em que vivemos e as praticamos.

Não é preciso que me estenda sobre questões como esta: as normas válidas em um lugar ou país valem igualmente para outros países ou lares? Pela observação diária dos comportamentos de colegas, vizinhos e amigos, e também pelo noticiário veiculado pela mídia, somos constantemente informados sobre modos de vida e valores que norteiam os relacionamentos dentro de uma comunidade ou de uma nação.

Um exemplo recorrente que ilustra o significado dos valores é o tratamento dado às mulheres em vários pontos do planeta. Certamente, o leitor já se perguntou por que as mulheres muçulmanas, por exemplo, têm de usar a burca, enquanto as ocidentais andam seminuas, especialmente no verão, e o que isso tem que ver com moralidade.

Os valores, como se pode facilmente concluir, são criados pelas pessoas que vivem em uma comunidade ou em um país e podem ser modificados. Para constatar tal afirmação, basta ler livros de história. Até meados do século XIX, era natural que famílias de posses tivessem escravos negros trabalhando para elas. Na década de 1930, grande parte dos alemães defendeu a ideologia nazista sobre uma suposta superioridade da raça ariana, convicção que conduziu à Segunda Guerra Mundial e que, logo depois, seria derrubada pelo conhecimento científico.

Possivelmente, dentro de alguns anos ou décadas, as mulheres muçulmanas poderão vestir-se como as ocidentais, freqüentar a universidade, escolher os próprios maridos e divorciar-se, como ocorre na maioria dos países.

Porém, em relação ao temperamento, não acontece o mesmo. Nascemos com um temperamento e morremos com o mesmo temperamento. Ao longo da vida – e particularmente nas três primeiras décadas –, a cultura em que vivemos pode atuar de forma a atenuar ou fortalecer as características do temperamento, mas jamais o eliminarão.

Relacionamento e ética

Estamos acostumados a viver em comunidades e a adotar seus costumes desde o reino animal. Se observarmos um formigueiro, verificaremos como o comportamento desses insetos é sempre o mesmo no âmbito de cada degrau hierárquico. Uma formiga operária jamais se intromete na atividade de uma formiga soldado, nem tentará tomar-lhe o posto. Elas comportam-se assim de modo automático, após milênios de condicionamento.

Entre os seres humanos, as coisas são diferentes, mesmo quando comparamos nossa maneira de viver com a dos mamíferos superiores. O que nos distingue dos irracionais é o fato de termos instituído, para as relações humanas, a moral e a ética. São elas que regulam os relacionamentos e a vida em sociedade. A palavra moral deriva do latim *mores*, e ética vem do grego *ethos*, mas ambas podem ser traduzidas por "costume". No entanto, embora muitos as considerem sinônimos, elas não são.

Denomina-se moral um conjunto de crenças, princípios, normas e regulamentos que orientam (ou coagem) os indivíduos a se comportar de determinadas maneiras em distintas situações da vida de relação. A ética é uma reflexão crítica sobre a validade e a amplitude dos valores morais. Por exemplo: algo que é considerado legal ou moral pode constituir-se um tremendo atentado à liberdade de uma pessoa, como nos casos antes citados da escravidão e da alienação das mulheres muçulmanas. Cabe à ética questionar e refletir sobre a validade, na esfera do humanismo, de tais práticas e também propor novas formas de encarar determinados problemas e comportamentos próprios de uma comunidade, de um país e até de todo o planeta.

Uma das questões mais importantes discutidas pela ética nos tempos atuais é o modo como vivemos e qual o impacto negativo das práticas que adotamos no dia-a-dia para a conservação da natureza. Em suma, a moral sofre transformações, ao longo do tempo, quando seus princípios e crenças são derrubados por reflexões éticas ou por descobertas científicas.

Dentre os quatro temperamentos universais, analisados neste livro, os guardiães são – e sempre foram – os mais fortemente influenciados pelo código moral da família e da cultura onde vivem. Eles sentem-se seguros quando têm um decálogo que possa orientar suas ações e são os mais resistentes às mudanças. Como os guardiães têm sido, historicamente e na maior parte dos países, os detentores do poder e dos meios de produção, além de guardiães dos dogmas das religiões, a imagem que deles temos é a de defensores da moral e dos bons costumes – que eles mesmos implantaram e querem que toda a sociedade os adote.

As sociedades humanas, não importa se orientais ou ocidentais, estão fortemente impregnadas de valores e princípios criados por líderes guardiães. Para além do lar, a escola é o primeiro reduto permeado de regras, ordens, interditos, proibições, coações e punições, derivados da moral desse grupo.

Ao ler essas linhas, muitos leitores se pegarão pensando nos guardiães como os *big brothers* (do livro de George Orwell, e não da televisão), que espionam a vida da comunidade para punir os faltosos e premiar os bem-comportados. Essa percepção poderá ser válida em uma pequena aldeia, em que a autoridade policial ou religiosa se investe de um poder sem limites. Em grandes sociedades, sobretudo nas democracias, os guardiães continuam a ser os vigilantes da moral e dos costumes locais, mas nelas coexistem e convivem, de forma até certo ponto tolerante e pacífica, pessoas com outros temperamentos, que defendem valores e interesses pouco ou muito diversos dos praticados pelos guardiães.

O direito e a mídia têm um papel fundamental para garantir o respeito à diversidade em uma mesma comunidade. Quanto mais forte e equânime é o poder judiciário e quanto mais ampla for a liberdade de comunicação e mais extensa a rede de informação, maiores serão as possibilidades de as pessoas expressarem e vivenciarem seus temperamentos.

Com certeza, quem mais incomoda os guardiães são os hedonistas, não só porque representam uma massa tão importante em volume quanto eles, mas porque os interesses e valores que esses dois grupos defendem são, em grande medida, opostos, como ficou demonstrado nas páginas anteriores.

Apesar disso, os relacionamentos mais comuns, em qualquer esfera da vida, ocorrem entre hedonistas e guardiães. E não poderia ser diferente, posto que, juntos, correspondem a aproximadamente três quartos da população do planeta. Os dois grupos são sensoriais, o que significa que apreciam tudo que pode ser apreendido pelos sentidos. No entanto, enquanto os hedonistas preferem desfrutar, os guardiães gostam de acumular. Tais disposições foram adequadamente traduzidas num diálogo bem-humorado de um comercial de televisão. Dizia o guardião: "Minha meta é acumular um milhão de dólares", a que o hedonista contrapunha: "A minha é torrar um milhão de dólares".

Tendências negativas

A Tabela 1, mostrada no primeiro capítulo, que retrata as características de cada temperamento, traz, ao final, algumas das tendências negativas observadas nos quatro temperamentos por pesquisadores do assunto. Assim como as tendências positivas, as negativas são resultado da interação entre o temperamento e o ambiente onde se é socializado. Algumas pessoas podem crescer em ambientes favoráveis ao desenvolvimento de características negativas sem jamais apresentá-las, enquanto outras serão completamente permeáveis às práticas comuns das comunidades onde cresceram. Deve-se levar em conta também que, ao apontar determinadas tendências como negativas, eu me apoiei em códigos vigentes na maior parte das culturas ocidentais, fortemente impregnadas por valores dos guardiães. As tendências apontadas prejudicam, sobretudo, o tecido social ou, em menor dimensão, transgridem normas referentes ao direito alheio.

Promiscuidade e sociopatia

Comecemos pelos hedonistas. Esse grupo, por valorizar extremamente o contato físico e o prazer obtido por meio dos sentidos, é o mais propenso à promiscuidade. Essa afirmação pode ser validada por qualquer pesquisa histórica ou sociológica. A promiscuidade foi comum na maioria das culturas do passado, e até no *Antigo Testamento* encontram-se descrições de práticas como estupro, incesto, poligamia, adultério, sexo com animais etc. As cidades de Sodoma e

Gomorra deixaram seu nome gravado como símbolo de abuso da sexualidade (assim como a decadência do Império Romano é creditada à dissolução dos costumes). Na época atual, muitas pessoas condenam a liberdade sexual dos jovens e, sobretudo, a promiscuidade, sem atentar para o fato de que tais comportamentos sempre existiram, só que hoje eles são mais escancarados (a mídia concede amplo espaço aos desinibidos) e mais numerosos (porque a população aumentou expressivamente).

A literatura sempre refletiu o que se passava em sociedade. Desde os tempos em que poucos eram alfabetizados, produziam-se textos e poemas que refletiam os temperamentos de quem os escreveu. No que tange ao elogio aos prazeres do sexo, o rei hebreu Salomão (autor de *O cântico dos cânticos*) foi grande destaque. O poeta latino Ovídio e, posteriormente, os autores libertinos franceses, produziram obras que até hoje fazem corar os moralistas e escandalizam os poetas românticos.

Mais próximos da nossa época, os autores de romances naturalistas produziram uma literatura crua e direta sobre o desvario da paixão física, que para muitos leitores não passa de pornografia. Entretanto, eles prestam um grande serviço para quem se interessa por comportamento humano e, especialmente, temperamentos. Entre diversas obras, destaco *O cortiço*, de Aluísio de Azevedo, que descreveu de forma primorosa como se tece a rede da sedução física e como a "mosca" atraída pela "aranha" se enreda em seus fios. No caso, a aranha é Rita Baiana, uma hedonista, mulata dengosa, cheirosa e maliciosa, exímia dançarina, que se exibe para o português Jerônimo, dono do cortiço. O que ela deseja é vencê-lo pela carne, o que de fato acaba acontecendo. Fisicamente apaixonado pela mulher fatal, ele fica à sua mercê, tal como acontece no filme *O anjo azul*, no qual o professor Immanuel Rath (interpretado por Emil Jannings) sucumbe ao feitiço da dançarina Lola (Marlene Dietrich), perde seu posto em um importante colégio para rapazes e aos poucos vai se degradando, até tornar-se um palhaço.

O cineasta François Truffaut também fez um filme verossímil sobre o que uma hedonista calculista pode causar na vida de um homem sensível à sedução pela beleza. Em *A sereia do Mississippi*, Catherine Deneuve representa, com virtuosismo, a *femme fatale* egoísta e vaidosa que leva um empresário à ruína (interpretado por Jean-Paul Belmondo). Mulher de "vida fácil", a protagonista aprecia, sobretudo, os homens espertos, que ganham dinheiro sem trabalhar e lhe proporcionam luxo. Abandona o marido trabalhador para viver com um marginal. O esposo põe um detetive em seu encalço, mas ele a encontra antes, perdoa-a e os dois voltam a viver juntos. Porém, a natureza dela vence e ele se rende à marginalidade. De queda em queda, o homem mergulha no precipício, depois de matar o detetive que contratara e de quase ser envenenado pela mulher.

Repare-se que, nos três exemplos, a mulher é a sereia que seduz, mas não se entrega. Essa situação é bastante comum entre mulheres (hedonistas ou não) calculistas, que usam a beleza e o sexo como arma para conquistas mais interessantes (poder, luxo e fortuna, por exemplo).

Nos dias que correm, esse clichê, até então somente aplicado à mulher, pode ser estendido aos homens. E, muito importante: a sedução e a influência negativa não requerem mais que as pessoas se encontrem frente a frente, em carne e osso. Hoje, a internet é o esconderijo de uma variedade impensável de sociopatas, desde pedófilos até racistas, praticantes de *bullying*, terroristas e incentivadores de distúrbios alimentares, do crime e do suicídio.

Algumas sociedades moralistas, como a norte-americana, empenham-se em combater tais práticas, ainda que muitas ve-zes o transgressor esteja no poder ou na própria casa. Recentemente, ganhou divulgação mundial a prevaricação do ex-governador de Nova York, Eliot Spitzer, freqüentador e mantenedor de uma casa de prostituição. Ele teve de renunciar ao cargo não sem antes fazer uma confissão pública e pedir desculpas. Em compensação, a cafetina Andréia Schwartz, que o denunciou, chegou ao Brasil com honras de celebridade. No desembarque, em Vitória, a Infraero lhe concedeu tratamento VIP, com direito a táxi na pista do aeroporto; em seguida, ela foi convidada para posar nua em revistas masculinas. Em comentário sobre o fato, o jornalista Sérgio Augusto assim se expressou nas páginas do "Caderno 2" do jornal *O Estado de S. Paulo*: "Seu sucesso junto à mídia e à Infraero deixou bem claro o quanto nos deixamos deformar pelo vício da impudecência, da injustiça e do oportunismo" (2008, p. 13).

Desse mesmo ponto de vista, mas em contexto diferente, o cronista Arnaldo Jabor, em sua coluna semanal no mesmo caderno e jornal (2008, p. 16), desabafou:

> Que recado nos traz a evidente hipersexualização das moças no Brasil (lá fora não é assim, não). Todas se vestem de "cachorras", barriguinhas de fora, ingênuas com rebolados intensos. Há algo de sinistro em tanta nudez. Riam de mim, mas não agüento mais bundas. Nos outdoors, revistas, TVs. Por que bunda vende tanto?

Sexo e auto-estima

Elementar, caro Jabor! A sociedade brasileira é talvez a mais sensual do mundo – por aqui, predominam os hedonistas! A esse fato, alia-se uma espécie de atavismo histórico: as moças de origem social inferior, quando conseguiam sair da senzala ou da choupana para um sobrado, geralmente tinham como passaporte a beleza física e a sensualidade. Essa condição, de tão repetida no passado, permanece no inconsciente coletivo das brasileiras. Além disso, esse padrão se fortaleceu com o advento da sociedade permissiva e consumista. Curiosamente, o estilo de vida criticado por Jabor não teve origem no Brasil, mas em uma sociedade puritana, a norte-americana. Depois que Madonna apareceu no palco fingindo masturbar-se com um crucifixo, todos os interditos foram levantados. Demolido o sagrado, nada mais há para derrubar.

Moralismo e comentários irados à parte, minha experiência e as investigações que fiz sobre a sexualidade das hedonistas me fazem concluir que, quase sempre, seus comportamentos são imitações e não escolhas genuínas. Nas sociedades pós-modernas, a realização sexual das mulheres ainda difere do Eros masculino: elas continuam a querer ser mais do que a fêmea sensual e sem compromisso, que o homem toma por algumas horas.

Ao que tudo leva a crer, a liberdade obtida com a revolução sexual, ainda que mereça ser louvada, não proporcionou à maioria das mulheres o prazer psicológico que buscam em uma parceria íntima. Condicionadas, durante séculos, a realizar-se apenas com homens que amassem (ou com quem estivessem comprometidas), tornou-se muito difícil para a maior parte delas separar o desejo sexual do anseio por intimidade, próprio do sentimento amoroso ou da amizade.

E então surge o paradoxo: os modelos de sucesso – a que todas as hedonistas querem corresponder – aparecem no *show bizz* fazendo estrepolias com o corpo, noticiando aos quatro ventos suas cirurgias plásticas, suas conquistas "amorosas", sua escalada social e a engorda de suas contas bancárias. Esses símbolos de poder são palavras de ordem, especialmente para garotas e rapazes hedonistas, em busca de auto-afirmação. E, pelo que a mídia faz parecer, eles nem precisam ser inteligentes ou cultos para atrair os *flashes* e a fama: o corpo sarado e desnudo é o seu melhor passaporte.

Esse quadro que descrevo é muito visível em escolas. Observando jovens e conversando com professoras do Ensino Fundamental e Médio, concluí que o exibicionismo e a sexualidade são cada vez mais precoces entre meninos e meninas. Eles procuram dar resposta ao clamor dos hormônios e auto-afirmar-se como "machos", enquanto elas desejam destacar-se na multidão. "Garotos passam a maior parte do tempo comentando detalhes anatômicos das adolescentes do colégio, das artistas da televisão e das professoras. As horas passadas na escola são insuficientes para contarem suas transas e descrever posições eróticas", contou-me uma orientadora educacional de uma escola de elite.

As meninas, mal chega a puberdade, ficam sonhando com o momento de se entregar. Décadas atrás, a jovem que cedesse a um rapaz era estigmatizada. E ainda hoje em locais remotos do Brasil e em alguns países da América Latina e do Oriente garotas que não preservam a virgindade são expulsas de casa. Nas grandes metrópoles ocorre o contrário. Quanto mais "conquistas" uma garota fizer, mais pontos terá com seu grupo. Conheci uma jovem de 16 anos, linda e desinibida, que me contou que já perdera a conta do número de parceiros que tivera. Na sua turma, o *ranking* era levado a sério. "Tenho mais horas de cama que urubu de vôo", disse ela, afirmando que não tinha medo, pois sempre levava preservativos na bolsa. "Pílula não, porque pílula engorda", salientou.

Porém, na classe dela, encontrei uma exceção, uma menina de 15 anos que defendia a virgindade com toda a convicção, apesar de viver em um lar permissivo: "Minha mãe e minha avó freqüentam um forró, todo fim de semana, e vão sem calcinha, porque isso facilita as coisas", revelou.

Essas confissões ajudam a entender por que anualmente, segundo o Ministério da Saúde, um milhão de adolescentes engravidam no Brasil. A vaidade física, característica marcante dos hedonistas, é um fator que contribui para a gravidez (basta lembrar da garota que, apesar da vida sexual ativa, não toma pílula, porque engorda). Outro fator importante é a ânsia por maior prazer. Diversos garotos afirmaram que a transa ideal é aquela ao natural: "pele com pele". Mesmo que os meninos estejam informados sobre a importância da camisinha, fazem questão de não usar.

Emoção e cálculo

Pesquisas internacionais sobre temperamentos asseguram que o número de homens pensadores supera muito o número de homens sentimentais, sendo estes mais aptos para a relação amorosa, na qual componentes como delicadeza, carinho e preocupação com danos psíquicos – características mais encontradas nas mulheres – estão presentes. É importante destacar a observação de James Hillman (1995a, p. 140) a esse respeito:

> Quando Jung declara, na descrição dos tipos, que os tipos sentimentais são mais comuns entre as mulheres, sua afirmação deve ser encarada como uma observação da nossa sociedade, mas não como lei psicológica. Com efeito, um dos insidiosos clichês da nossa época (que a psicologia junguiana fez bastante por refutar) diz que Eros e o sentimento têm afinidade com a mulher. Nesse modelo, o sentimento dos homens jamais pode ser entendido de maneira correta, sendo esse o motivo pelo qual os sentimentos de amizade são considerados homossexualidade latente ou transferência. Numa sociedade em que os homens devem procurar nas mulheres sua educação sentimental (valores morais e estéticos, organização das relações, modos e estilo, expressão de sentimentos), o tipo sentimental masculino se dispersa e sequer é reconhecido pelo seu afim psicológico.

É certo que homens têm emoções e sentimentos, embora divirjam das mulheres aos expressá-los, assim como também é divergente o impulso sexual. Hoje, ninguém mais põe em dúvida que a testosterona, hormônio sexual que predomina nos homens, é responsável pela maior necessidade de contato sexual deles e, também, pelo senso de urgência. Mulheres, muitas vezes, fingem para não desagradar seu companheiro ou "dão" por piedade.

Para quem desejar compreender melhor os matizes sexuais, é importante saber como os dois gêneros, em decorrência de seu complexo arquetípico (temperamento), expressam a sexualidade nos dias atuais. Uma das perguntas mais comuns que me fazem é esta: do mesmo modo que há uma modalidade feminina de sentir, existe uma modalidade erótica feminina?

Resposta: sem dúvida! E esse ponto é de suma importância para entender a diferença entre a sexualidade das mulheres e a dos homens.

Tanto no aspecto natural (instintos) quanto cultural (produto dos costumes), os dois gêneros sentem e expressam desejo, erotismo e prazer de modo peculiar e com nuanças sutis.

A cultura ocidental reduziu Eros (atração por um belo corpo e fusão física) apenas à penetração. Assim, o erotismo masculino pouco evoluiu ao longo dos séculos. A maioria dos homens o entende e o expressa em forma de cópula. A virilidade (capacidade de copular) ainda é, para a maioria dos homens, o traço masculino que os identifica. Quando um homem perde essa capacidade, ou ela se reduz, sua autoconfiança e auto-estima sofrem um abalo. *Isso é particularmente verdadeiro para homens sensoriais.*

O comportamento sexual dos homens sensoriais, em que se incluem os hedonistas e os guardiães, expressa práticas que remontam à ancestralidade animal. Não é meu intuito, com essa afirmação, denegrir os sensoriais, mas tão-somente demonstrar que eles são mais territoriais, mais carnais, mais apreciadores da variedade e mais possessivos nos relacionamentos.

No reino animal, algumas espécies são extremamente promíscuas, assim como acontece com grande parte dos sensoriais humanos. Em outras espécies, somente o macho mais forte ou mais velho copula com as fêmeas do território (uma garantia de proteção para elas e para a prole), tal como ocorre na esfera humana, em que os homens ricos e poderosos têm mais chance de copular com muitas mulheres e, especialmente, com as mais belas. E, para não ficar a impressão de que sensoriais são sempre gulosos e infiéis, conheci alguns poucos casos em que a fidelidade masculina perdurou por toda a vida.

Fazendo uma comparação com as mulheres sensoriais, não restam dúvidas de que o amor físico é muito mais apreciado pelo macho humano do que pela fêmea e essa discrepância pode ser creditada a três fatores. O primeiro já foi citado: biologicamente, o impulso sexual dos machos é mais forte que o das fêmeas. Segundo: culturalmente, o impulso sexual foi estimulado nos homens e refreado nas mulheres, porque são elas que gestam e dão à luz. Para o patriarcado seria uma catástrofe as mulheres terem tanto sexo quanto os homens, porque fatalmente haveria filhos adulterinos em todas as famílias (atualmente, pesquisas internacionais afirmam que pelo menos 15% dos descendentes de um casamento são filhos de outros pais). Terceiro: biológica e culturalmente, as mulheres são mais seletivas em relação ao provável pai de seus filhos. Elas contam com apenas um óvulo maduro por mês e precisam utilizá-lo da melhor maneira possível, permitindo que seja fecundado por um homem especial (essa disposição é atávica), enquanto a maior parte dos homens se sente impelida a espalhar seu sêmen entre muitas mulheres.

Esses comportamentos têm raízes no reino animal, em que os machos dominantes precisavam distribuir os genes ao maior número possível de fêmeas para garantir a perpetuidade. Apesar da civilização, parece que o instinto que garante a continuidade permanece no inconsciente coletivo de mais da metade da população da Terra.

Erotismo e poder

Mesmo com o avanço ocorrido após a revolução sexual da década de 1960, na época atual ainda ecoam na mente feminina os ditames que orientavam as escolhas de nossas antepassadas. No entanto, as mulheres hedonistas são mais liberadas e tal disposição não se deve apenas à revolução. Hedonistas sempre tiveram comportamento divergente em relação ao sexo. Elas procuram agir como os homens, usando o corpo não somente como fonte de prazer (tal qual acontece com eles), mas especialmente como veículo de sedução e recurso para afirmação de poder. Esse comportamento é notável, sobretudo, entre as hedonistas competitivas, que se esforçam para aprender técnicas sexuais e, muitas vezes, competem com seus companheiros na cama.

As hedonistas sentimentais diferem das competitivas em alguns aspectos. Elas são mais sonhadoras e também mais "piedosas". Essas duas características fazem que romantizem a relação e que se entreguem com mais sinceridade. Por causa disso, podem apaixonar-se inúmeras vezes e sofrer bastante quando a paixão acaba. Curiosamente, para elas não existe diferença entre amor e erotismo. O sexo sempre está presente em seus relacionamentos, mesmo que jamais cheguem ao orgasmo.

Sexólogos têm relatado quão artificial tem sido o relacionamento íntimo de grande parte das mulheres hedonistas. Com raras exceções, elas vêm se dedicando a atender muito mais às expectativas masculinas e descuidando de sua satisfação. Um depoimento interessante foi dado pela atriz Zezé Motta ao canal televisivo *Brasil*. Após interpretar Xica da Silva, uma personagem da história do Brasil sexualmente poderosa, ela passou a ser muito procurada pelos homens. Disse Zezé:

> Depois do filme de Cacá Diegues, passei a dividir com Sônia Braga o título de símbolo sexual. Minha vida deu um salto. Namorei alguns rapazes lindos, mas eles misturavam as coisas. Tinham a expectativa: "Vou me deitar com a Xica". Para eles, estavam indo para a cama com a melhor mulher do mundo. Era muito pesado. Eu me preocupava em não decepcioná-los. Fazia de tudo para corresponder ao papel da negra sensual. Resultado: esquecia de ter prazer. Precisei de um analista para superar essa fase e deixar de me considerar um objeto sexual.

Essa experiência é muito semelhante a histórias contadas por jovens bonitas que buscaram subir na vida valendo-se da beleza e da sensualidade e que, depois, procuram a terapia ou a religião para reencontrar o equilíbrio perdido. Essas meninas quase sempre atribuem seu "fracasso" à falta de preparo psicológico para lidar com o desejo que despertam. Na verdade, elas não têm o arquétipo (tipo psicológico) para exercer tal papel, de um lado, e, de outro, carecem de autonomia para dizer não às propostas masculinas nas quais preponderam valores próprios da cultura machista.

Esses valores não são atuais, como a maioria poderá pensar. Grande parte foi introduzida no século XVIII, durante o Iluminismo, quando surgiram escritores que desenvolveram uma literatura de alcova em que tudo era permitido, inclusive o sadomasoquismo. Havia um desejo de perverter e de afrontar, entre as elites e a burguesia. Lado a lado com as práticas libertinas, coexistiu a linguagem militar. A sedução, a paixão, o amor, tudo era um jogo. Desnecessário dizer que os calculistas (tipos pensadores) levavam vantagem nas batalhas de conquista e que os sentimentais eram presas fáceis.

"*O tempora, o mores!*", diziam os romanos. Esse provérbio tão antigo demonstra que nossos antepassados estavam conscientes da mudança constante dos costumes. No Antigo Regime, na França, todo mundo sabia quem era amante de quem. E, quando um homem ficava muito tempo com uma mulher, os outros reclamavam e exigiam que a dama fosse "reposta no mercado".

Curiosamente, um pouco antes dessa época, tais comportamentos seriam impensáveis. O personagem Dom Juan é a prova concreta de quanto os homens eram zelosos com a honra de suas mulheres e filhas. Dom Juan é o protagonista de *O burlador de Sevilha e o convidado de pedra*, do autor espanhol Tirso de Molina; posteriormente, Mozart transformou a história na ópera *Don Giovanni*. O objetivo de Dom Juan não era simplesmente conquistar uma mulher, mas desonrar sua família.

Por não fazer parte da elite, que odiava e à qual gostaria de pertencer, vingava-se desonrando suas mulheres e divulgando o fato em praça pública. Seu criado Leporello encarregava-se de contar o número de desonradas: no final, foram 2.065. Ao assumir tal comportamento, ele se supunha acima dos outros homens, sobretudo dos mais poderosos, porque conseguira desonrar-lhes a casa e o nome. A preocupação com a desonra permaneceu até recentemente apenas no segmento que se pode denominar burguês ou nas famílias dominadas pelos patriarcas, que podem ser identificados como guardiães.

Atualmente, a sedução foi despida das características de desonra. Entretanto, ampliou-se seu domínio. A mídia saqueia o poder de discernir e escolher (uma conquista individual) para eleger em âmbito internacional ou nacionalmente, em períodos cada vez mais curtos, o corpo sedutor e a(o) bela(o) da vez. Ter honra, na sociedade atual, é ter poder para obter acesso à cama de beldades e celebridades que aparecem regularmente na mídia.

Muitas revistas prosperam à custa da divulgação de "quem está comendo quem" e também da publicidade compulsiva sobre as últimas exigências para se tornar o gostoso ou a gostosa da vez. A revista *Galileu*, em sua edição de janeiro de 2008, noticiou que "tem gente fazendo clareamento anal", alisando pêlos pubianos, operando os lábios vaginais e recorrendo à restauração do hímen, "entre outras bizarrices" (p. 12). Homens, por sua vez, estão aderindo cada vez mais aos cremes, à depilação e à colocação de prótese peitoral de silicone, que dispensa malhação na academia. A serem verdadeiras tais novidades, pode-se concluir que, há muito, os costumes liberais da época atual superaram as esquisitices praticadas na Roma de Nero e Calígula ou na Sodoma e Gomorra bíblicas.

Escapando aos controles

Em culturas fortemente dominadas por valores dos guardiães, os hedonistas estão condenados ao sofrimento e, de algum modo, procurarão escapar aos controles rígidos, próprios de tais sociedades. Não é sem motivo, portanto, que pessoas hedonistas são as que mais migram: mudam de bairro, de cidade, de país e, se possível fosse, mudariam até de planeta.

Somente nas democracias, que concedem espaço para a expressão de personalidades não-conformistas (mas, mesmo assim, exercem algum controle por intermédio de mecanismos legais), a maioria dos hedonistas poderá viver como gostaria. Muitos estrangeiros vêem o Brasil como uma espécie de paraíso na Terra, terra de leite e mel, povoado pelas mulheres mais sensuais do planeta, onde "é proibido proibir". Essa imagem é respaldada, até certo ponto, pela realidade, sobretudo em capitais litorâneas, nas quais a pobreza da maior parte das famílias empurra as garotas para o turismo sexual.

Quando hedonistas vivem em locais mais vigiados e têm dificuldade em seguir os padrões do mundo organizado e regulado, procuram encontrar brechas para ludibriar a vigilância. Isso é mais fácil para quem tem algum tipo de poder nas mãos. Algumas táticas e práticas poderão constituir-se em sociopatias. Entre elas, podem ser citadas: a mentira, o suborno, o roubo, o seqüestro, o estupro, a violência, a contravenção e o vício (embora pessoas de outros temperamentos também apresentem esses comportamentos, eles são muito mais encontrados e notórios em hedonistas). Boa parte dos hedonistas, por temer o repúdio, o castigo e a repressão, encontra expedientes para se safar. Para alguns, a solução é levar vida dupla.

Escritores e dramaturgos, que têm inteligência interpessoal bem desenvolvida, percebem facilmente o comportamento dúbio desse grupo social. Jorge Amado criou personagens de vida dupla, que conferem verdade a seus romances, porque são facilmente reconhecíveis. Porém, ninguém foi mais competente que Nelson Rodrigues para expor os porões e os sótãos mentais de seus protagonistas.

Esperteza e sedução

De um ponto de vista positivo, o hedonista é, sem qualquer dúvida, o mais habilidoso para o improviso, o mais esperto para perceber oportunidades, o melhor negociador (quase sempre, hedonistas têm inteligência lingüística eficiente e sabem convencer), o mais sociável e também a melhor companhia. Eles apreciam as coisas "boas" da vida, sabem encontrá-las e reparti-las (celebração) com amigos ocasionais ou não.

Já de um ponto de vista negativo, a habilidade e a esperteza podem ser utilizadas para burlar, para mentir, para roubar, para iludir e, também, para induzir outros ao crime (o citado filme de Truffaut mostra de forma didática o comportamento típico dos sedutores sociopatas).

Se não têm lábia, têm força, e ela pode ser usada para violentar. Hedonistas são energéticos, estimulados pelo movimento e têm grande inteligência corporal; por essas razões, são os que mais apreciam esportes que implicam contato físico e que, muitas vezes, machucam ou matam, como os esportes radicais, o automobilismo, o boxe e a luta livre.

O gosto pela truculência também pode ser expresso dentro de casa. Namoradas e esposas são as maiores vítimas. Em um país como os Estados Unidos, 25% das mulheres recorrem às delegacias para denunciar a violência doméstica (esse dado foi divulgado no programa de Oprah Winfrey, em janeiro de 2008). É claro que nem todos os envolvidos são hedonistas, mas representam a parcela mais expressiva dos denunciados.

No Brasil, sabe-se que pelo menos 23% das mulheres brasileiras estão sujeitas à violência doméstica, segundo levantamento da Sociedade Mundial de Vitimologia, sediada na Holanda. Dentre os homicídios registrados, os ocorridos em casa chegam a 66%. Dos homens que espancam suas mulheres, 43% também são violentos com as crianças de casa. Um terço dessas crianças tende a perpetuar a agressividade quando cresce (as escolas públicas são um campo fértil para pesquisas sobre violência entre adolescentes).

O álcool e as drogas estão quase sempre associados a atos sociopatas (e não apenas ao espancamento de mulheres), e, comprovadamente, pessoas hedonistas são os maiores usuários. Dois fatores contribuem para que ocupem o topo do *ranking*: por representarem a maior parcela da população, aparecem em maior número nesse tipo de delito; segundo: os hedonistas perseguem o prazer e têm pouca resistência à dor. Muitas vezes, o álcool e as drogas são os substitutos do prazer e o lenitivo para a dor.

Essa realidade não está circunscrita aos homens. Embora tenham sido vigiadas e reprimidas durante séculos, algumas mulheres hedonistas apresentam comportamento tão violento quanto o dos homens, ainda que não com a mesma freqüência. A imprensa divulga, com razoável constância, notícias sobre mulheres que espancam parceiros, roubam seus bens e os matam friamente por motivos fúteis, principalmente por ciúme. Elas também exploram, se acharem conveniente, seus filhos menores, levando-os para as ruas das cidades e transformando-os em pedintes. Outras, quando abandonadas ou separadas, dão os filhos para adoção ou simplesmente os entregam a desconhecidos.

Guardiães: poligamia e autoridade

A poligamia é uma prática antiga em inúmeras culturas e está relacionada com o poder, com a fortuna e, às vezes, com a religião. Atualmente, é praticada não somente em alguns países do Oriente, mas também no Ocidente, ainda que, quase sempre, de forma camuflada. O citado programa de Oprah Winfrey entrevistou um rico industrial norte-americano e duas de suas muitas esposas para entender o que leva tais pessoas a viver dessa maneira.

Ambas as partes se declararam muito felizes com a situação, e as mulheres informaram que são amigas e que se apóiam mutuamente. Na mesma comunidade onde vivem predominam casas enormes, verdadeiros palácios, e todos os moradores são polígamos.

Como a lei norte-americana proíbe a bigamia, e por conseqüência a poligamia, as pessoas desse lugar procuram se preservar. As mulheres não têm relacionamento social e não deixam que os filhos comentem como vivem nas escolas onde estudam. Segundo informaram, não trabalham fora, pois a vida dentro de casa já é bastante atribulada. Elas repartem tarefas e cuidam umas das crianças das outras.

Também nos Estados Unidos há bolsões de lares polígamos, como no estado de Utah, onde reside o maior contingente de mórmons do país. Atualmente, essa religião condena a poligamia, porém ela continua a ser exercida por grande parte dos homens que podem manter mais de uma mulher. Esse comportamento parece atávico: sabe-se que, na natureza, os machos que dominam territórios ricos são os que têm acesso a maior número de fêmeas.

Relações grupais

No passado, era comum que homens poderosos – inclusive reis e imperadores – tivessem mais de uma mulher. Mas, hoje, os padrões são outros. Um retrato da realidade atual estampou a capa da revista *Galileu*, edição de outubro de 2007. A reportagem diz que a monogamia está sendo "questionada por cientistas, que levantam a hipótese de sermos naturalmente propensos a amar mais de uma pessoa, ao mesmo tempo", inclusive pessoas dos dois gêneros.

Defensores de casamentos abertos, ouvidos pela revista, bateram palmas para essa descoberta e afirmaram categoricamente que, no futuro, somente vingarão relacionamentos baseados no "poliamor". Os adeptos dessa filosofia de vida incentivam relações íntimas, profundas e duradouras com diversos parceiros ao mesmo tempo. Grupos que já adotam esse estilo de vida declaram-se respeitosos e isentos de sentimentos como ciúme e posse.

A reportagem informa, realisticamente, que o poliamor "não funciona para todo mundo". Claro que não! Práticas novas – sejam de que natureza forem – demoram muito para conquistar corações e mentes, conforme comprovou a psicologia social. A "demora cultural" – expressão utilizada por sociólogos para batizar esse fenômeno – está relacionada às prerrogativas de determinadas classes ou grupos, que não querem perder privilégios. E, também, ao temperamento!

Difícil imaginar homens e mulheres guardiães como adeptos do poliamor. Elas, mesmo que neguem, já estão acostumadas às traições sexuais dos maridos e companheiros, mas eles jamais admitirão que suas parceiras se deitem com outros homens.

A traição sexual masculina é encarada pela maioria dos guardiães como natural e saudável, a não ser que abale a família e o casamento. No entanto, em alguns países, como os Estados Unidos, pessoas públicas – em geral, políticos – são obrigadas a renunciar a seus cargos quando cometem adultério e são descobertas. Apesar disso, sabe-se que a maioria dos presidentes daquele país teve amantes. Desde os primórdios da existência no planeta, o exercício da sexualidade livre é prerrogativa masculina e, portanto, é difícil para a maioria renunciar a esse privilégio.

Em relação às mulheres, a situação é bem outra. No passado, as adúlteras eram apedrejadas e, até recentemente, eram punidas ou humilhadas pelos maridos e pela família. Atualmente, contudo, grande parte das mulheres hedonistas, e uma parcela razoável das guardiãs e cerebrais, rendem-se ao "esporte" da sexualidade livre, mesmo sendo casadas.

Pesquisas comprovam que a traição feminina é muito mais freqüente hoje. Como, até meados do século passado, predominavam as mulheres dependentes, elas temiam dar um "mau passo" e perder a reputação e o casamento. Após a revolução sexual, a traição feminina passou a ser encarada como um direito das mulheres independentes, mas a adoção dessa prática demorou para acontecer efetivamente. Estatísticas internacionais comprovam que a traição entre elas aumentou: cerca de 15% a 20% têm filhos de outros homens que não os maridos, e isso é apenas a ponta do *iceberg*.

Recentemente, após uma palestra sobre relacionamentos, fui procurada por uma mulher vistosa e coberta de jóias. Ela pediu meu cartão, pois desejava trocar idéias por telefone. Quando me ligou, contou que era casada e que tinha um amante havia cinco anos, mas que precisava livrar-se dele rapidamente (é curioso como essa situação se repete sempre que faço palestras; pessoas me procuram em busca de receitas mágicas). Embora não seja terapeuta de casais, escutei a mulher, que me contou uma história digna de telenovela. Era de uma família tradicional e moralista e havia se casado com um rapaz criado em sistema patriarcal. Todos – pais, filhos, noras, genros e netos – viviam em um condomínio, de modo que eram vizinhos. Perguntei como, tendo uma parentela vigilante, conseguira manter uma relação extraconjugal por tanto tempo. Revelou-me que a babá dos filhos (tinha cinco, sendo dois gêmeos do amante – porém, nem este nem o marido sabiam) e um cunhado adolescente a ajudavam. Os homens da família costumavam varar as noites de sexta-feira jogando carteado no clube, e ela aproveitava para sair. Estava cansada do amante e agora queria relacionar-se com o cunhado protetor, que se transformara em um rapagão de 21 anos.

A independência feminina, ao promover e incentivar a sexualidade sem compromisso, esvaziou o sentido do donjuanismo, que inspirou muitos romances e óperas. As mulheres é que assumem agora o papel desse grande sedutor. Hoje, entregar-se sexualmente deixou de ser um delito contra a moral e os bons costumes e convive-se, em determinados ambientes e sem maiores traumas, com a promiscuidade sexual e o adultério. Além disso, as sociedades permissivas têm por *slogan* "todo mundo pode transar com todo mundo, desde que use camisinha". Para boa parte da população, vivemos o tempo da inconstância e da frivolidade.

O ato de seduzir foi despido do aspecto de desonra que o acompanhava até meados do século XX. Ter honra na sociedade globalizada é ter capacidade de consumo, inclusive de corpos belos, do mesmo modo que se consomem bolsas Louis Vuitton e gravatas Hermès.

Essa atitude que até poucas décadas era mais encontrada entre hedonistas calculistas também está presente em grande parte dos guardiães da atualidade, porque o desejo de "pertencer", de ostentar símbolos de *status* coletivamente aprovados, impele-os a deixar de lado certos "moralismos". Não é sem motivo, portanto, que o *swing* ganhou tantos adeptos entre casais guardiães. Além disso, essas práticas esporádicas os põem a salvo das paixões, consideradas prejudiciais tanto por maridos como por esposas.

Paixão sob controle

Na Grécia Clássica, os estóicos consideravam as paixões perigosas, porque levam à perda do autocontrole. Só existe um meio de escapar: impedindo que a emoção se transforme em tendência. O homem sábio (ou ajuizado, conforme o pensamento guardião), mesmo que sinta a emoção, não lhe dá espaço. Ele foi suficientemente adestrado para não fantasiar e não se deixar levar pelo "coração".

Esse adestramento está delicadamente descrito no livro *Amar, verbo intransitivo*, de Mário de Andrade. Carlos é filho de um industrial rico que contrata uma *fräulein* para ensinar alemão ao menino. Na verdade, seu papel principal era outro: iniciá-lo na vida sexual. Era desse modo que as famílias do topo da pirâmide social tratavam o rito de passagem para o mundo masculino adulto. Em famílias de classe média, a iniciação se dava com a ajuda de empregadas domésticas. Hoje, garotos podem levar as namoradas (mesmo que menores de idade) para dormir em seus quartos, mas as meninas não têm essa liberdade. Pelo menos, não na maioria dos lares de casais guardiães.

Tal como aconteceu com o personagem Carlos – que se enamorou da professora de alemão –, muitos rapazes, em passado recente, apaixonavam-se pelas garotas que os iniciavam sexualmente. Os pais, atentos, tinham a receita adequada para acabar com a "paixonite": desmerecer a parceira ou, no caso das garotas, o parceiro.

Lembro-me de que, quando ingressei na faculdade, a maior parte de meus colegas era de origem rica. As garotas dificilmente aceitavam a paquera de rapazes que não tinham um automóvel, porque este era um símbolo de classe social. Algumas já chegavam à universidade casadas, pois haviam encontrado o marido certo: aquele que fazia parte do mesmo meio. Em pouco tempo, estavam separadas.

Voltando ao desmerecimento dos pretendentes, sempre foi comum salientar deficiências ou defeitos de caráter de pessoas que não seriam bem aceitas na família. Pais e mães vigilantes se aplicavam em descobrir pontos negativos de garotas e rapazes para melhor influenciar os filhos. Dizer que seus objetos de paixão eram bêbados, levianos, infiéis ou simplesmente interessados em dinheiro motivavam grande desilusão, que marcava o início do treinamento para manter as emoções sob controle.

Nem sempre essas táticas funcionavam. Jovens também têm discernimento e concluíam que, muitas vezes, os pais exageravam, principalmente quando aludiam ao mau caráter daqueles de quem gostavam. Pior era quando o(a) apaixonado(a) era sentimental. Mesmo levando em conta as opiniões da família e da classe social, guardiães sentimentais são, quase sempre, mentalmente provedores ou protetores. O preconceito contra namorados pobres acabava surtindo efeito contrário. O guardião sentimental desenvolvia – e ainda desenvolve – piedade pelo parceiro e se comprometia intimamente a lutar para provar que, apesar de não ter posses, era rico intelectualmente ou moralmente. Se fosse necessário, ele(a) lutaria ao lado de seu amor para poderem levar uma vida digna e progredir.

Quando isso acontecia – e fui testemunha de muitas situações –, os pais, habilidosamente, fingiam aceitar o(a) escolhido(a), convidavam-no(a) para freqüentar a casa, o clube, as festas etc. Naqueles ambientes, as desvantagens do(a) pretendente tornavam-se muito evidentes. Assim, algumas de minhas colegas de faculdade renunciaram às suas paixões de juventude para se casarem com rapazes escolhidos pelos pais.

No caso dos homens, não houve necessidade de todo esse aparato. Eles, quase sempre, são muito mais permeáveis à influência da cultura, do grupo social a que pertencem e da família. Além disso, ao se casarem com moças de famílias guardiãs, uniam o útil ao agradável: teriam respaldo material para progredir e sexo fora do casamento (com mulheres hedonistas, principalmente), pois nenhuma sociedade até hoje condenou a infidelidade masculina.

Ainda nos dias atuais, as paixões são consideradas fatores de perturbação do comportamento; há um consenso de que o indivíduo é incapaz, sozinho, de controlar tais forças. Houve um tempo em que as famílias cuidavam da "doença", enviando filhos apaixonados para estudar no exterior ou recorrendo a diversos expedientes para manter a outra parte afastada. Atualmente, a terapia assume cada vez mais esse papel.

O objetivo da terapia é restabelecer o autocontrole; deseja-se que o indivíduo deixe de ser passivo (dominado pela paixão) e reassuma o papel de "senhor de si". Em família, destacam-se virtudes como austeridade e continência. Nesses ambientes, o amor (Eros) tem mais condição de ser substituído por uma relação de amizade e de conveniência, a *Philia* dos gregos. Os guardiães preocupam-se em saber a quem convém amar e em que condições o amor é honroso para o amado e para o amante.

Esses arranjos e acordos raramente são manifestos. As pessoas se reconhecem, quando são movidas pelos mesmos temperamentos e valores. E, quando diferem, não é raro que uma das partes, ou ambas, recorram a estratagemas para se dar bem, sem queimar-se.

Um relato de uma jovem para quem fiz aconselhamento de carreira revela como são fortes os interesses e os valores de determinado grupo, ainda que tenhamos a ilusão de que os comportamentos hoje são mais fluidos. Essa moça, brilhante em tecnologia de informação, largou um bom emprego, pois não suportava o comportamento de seu chefe. Tomou essa decisão depois que ele passou a se encontrar com uma garota "vulgar", que costumava almoçar no mesmo restaurante. Eis o relato: "Na hora do almoço, ela esbarrou na nossa mesa e jogou seu cartão de visita no prato dele. Ali pelas três da tarde, meu chefe disse para o assistente: 'Agüenta as pontas. Vou sair e volto logo!'. O assistente olhou-o com cara de ponto de interrogação. Seguiu-se este diálogo: 'É, cara! Vou sair com aquela gostosa do quilo!'. Respondeu o assistente: 'De fato, elas nunca erram o alvo!'. Quarenta minutos depois, o chefe estava de volta, e, dessa vez, a cara do assistente era um ponto de exclamação. 'Já?!'. O outro foi telegráfico: 'Foi só uma rapidinha'. A história se repetiu três vezes por semana. Até que um dia ele voltou meio aloprado e, sem temer ser escutado pelos outros, desabafou: 'Aquela vaca disse que desse jeito não quer mais!' [Soube então que eles transavam no carro dela, estacionado na garagem do prédio onde trabalhava]. 'Ela quer que eu compre um apartamento. E ameaçou ligar para minha casa e contar tudo para minha mulher. Eu falei para ela contar, mas depois eu vou atrás dela e arrebento aquelas quatro bexigas que ela tem nos peitos e na bunda.' Fiquei perplexa. Peguei minha bolsa, fui tomar um café e só voltei no dia seguinte para pedir a conta". Exagero? Talvez. Mas não para uma guardiã...

Idealistas: obsessão e radicalismo

Amores obsessivos são assunto banal no noticiário cotidiano, nos filmes e nas telenovelas. No entanto, poucas vezes dramaturgos, escritores e cineastas debruçaram-se sobre a obsessão de um amante idealista. Essa afirmação pode parecer desarrazoada, pois para o senso comum obsessão é obsessão, não importa qual seja o temperamento.

Engano! O obcecado idealista é muito diverso de um hedonista (as páginas policiais dos jornais, todo dia, trazem notícias sobre eles), de um cerebral (como Simone de Beauvoir, quando se apaixonou por Nelson Algren) ou de um guardião enfeitiçado por uma prostituta de luxo.

Se para os guardiães pensadores e cerebrais – que fazem do raciocínio lógico sua bússola – o sentimento apaixonado é prejudicial porque conduz à perda da razão, à exclusão social ou, no mínimo, afeta desfavoravelmente a imagem externa, para os idealistas ele **representa o resgate do que há de mais autêntico, genuíno e verdadeiro em uma pessoa.** (Já imagino o espanto da maioria dos leitores.)

A paixão do idealista é, ao fim e ao cabo, um anseio de expressão de liberdade e de vida, um desejo desmesurado de cumplicidade e fusão que, intuitivamente, sabe que raramente terá lugar. Tal tensão somente encontra vazão em sociedades nas quais tanto a liberdade quanto a igualdade se expressam na vida prática e estão interiorizadas nas criaturas, sejam homens ou mulheres. O idealista representa a imagem descrita por Platão sobre o amante que voa (alado) e que dá asas (alante). Porém, quando se trata de pessoas imaturas ou narcisistas, voar pode ser extremamente difícil.

Novamente o cineasta francês François Truffaut demonstra, a contento, a face obsessiva do amor no filme *A história de Adèle H.*, protagonizado por Isabelle Adjani, que faz o papel da filha do escritor e político idealista Victor Hugo. Adèle se enamora loucamente pelo tenente inglês Pinson. Ela descreve a relação em seu diário, manda cartas ao objeto de amor e o persegue em todos os lugares, a ponto de impedir, com mentiras, seu casamento com uma rica herdeira. Quando a companhia dele parte para Halifax, ela o segue e ali se apresenta como Madame Pinson. O rapaz a rejeita e a despreza, o que não evita que o siga até Barbados. Sabendo que ele se casara, Adèle passa a perambular pelas ruas, como um zumbi, até que é reconhecida por uma moradora. Victor Hugo é avisado sobre sua deplorável condição e pede que seja embarcada em um vapor. Devolvida à família, Adèle é internada em um sanatório, onde passa o resto da vida, reescrevendo sua história de amor.

Perturbações como essa podem ser evitadas ou curadas se a "vítima" tiver a coragem de admitir que o *grande desejo* (união de corpo e espírito) se tornou uma obsessão impossível de realizar e que a vida pode ter sentido na sublimação (veja como Eugene O'Neill conseguiu isso no capítulo 5, em "Idealistas, parceiros de alma"). Para além da literatura, do cinema e da vida de personalidades heróicas, citadas anteriormente, verifiquei que entre as pessoas "comuns" o amor idealizado encontra oportunidade de florescer e frutificar. Acompanhei a trajetória de alguns casais e concluí que a idealização evolui para a parceria a partir do momento em que, pela convivência, reconhecem-se as imperfeições e fragilidades do outro e, apesar delas, encontram-se formas satisfatórias de realização pessoal como casal.

Entre os que não conseguem atingir o "chão da realidade", como foi o caso de Adèle, também pude observar o sofrimento de quem não deseja consumar a paixão, pois ela perderia a magia, o encanto e a poesia que a prodigiosa imaginação dos "desejantes" projetou. Com isso, alimentam um desassossego íntimo, uma fixação não declarada pelo objeto de amor e, ao mesmo tempo, se recusam à entrega íntima.

Aliás, a família Hugo foi pródiga em exemplos de paixão obsessiva e algumas tragédias. A filha mais velha, Leopoldine, casada com um homem do mesmo temperamento, morreu afogada quando passeava de barco com o marido. Este, ao ver a esposa morta, afogou-se também. O viúvo não refletiu por um minuto de forma prática nem pensou nas conseqüências de um ato desatinado. Só sentiu que sem ela a vida perderia todo o sentido. Igualmente, tive acesso a histórias parecidas ocorridas com pacientes de alguns terapeutas. Entre os casos, o de um rapaz que se alistou como mercenário para ser morto em campo de batalha, já que ele próprio não tinha coragem de pôr termo à vida, depois de ter perdido a namorada.

Em passado recente, os escritores românticos tiveram muita influência sobre tais desenlaces. O sentimento exaltado dos idealistas encontrou neles o respaldo de que necessitavam para alimentar uma obsessão ou fazer uma revolução. Em *Paulo e Virgínia*, de Bernardin de Saint-Pierre, discípulo do romântico Jean-Jacques Rousseau, os protagonistas apaixonados pertencem a dois mundos diversos: um rico, outro pobre. Tal como Romeu e Julieta, cujas famílias se odiavam, eles preferiram a morte a ter de renunciar a um sentimento que valia a vida. É, ao fim e ao cabo, uma revolução a dois.

Para finalizar o relato de casos conhecidos, cito o mais contundente: a relação transformadora e eterna vivida por André Gorz, filósofo austríaco, e sua mulher Dorine, que morreram em 2007 com mais de 80 anos. Desde jovem, Gorz perguntava aos amigos (entre eles, Jean-Paul Sartre) como explicar "por que a gente ama determinada pessoa a ponto de não querer saber de nenhuma outra". Ele viveu com Dorine durante 58 anos e o convívio com ela representou para Gorz uma transformação existencial. Intelectual de esquerda, foi marxista quando jovem, mas depois se tornou um dos maiores líderes mundiais da ecologia política e um crítico dos excessos do capitalismo. Quando Dorine ficou gravemente enferma, o casal se mudou para o campo, onde puderam refletir mais profundamente sobre o sentido da vida. Gorz concluiu que amor, política e literatura são igualmente importantes. Ao ver aproximar-se o fim da esposa, fez com ela um pacto de morte. O casal se suicidou em 2007.

Talvez por terem tanta dificuldade em encontrar parceiros que correspondam ao *grande desejo* (e também por temerem prejudicar possíveis admiradores a quem atraiam), os idealistas são, dentre os quatro temperamentos, os que pouco namoram, os que menos se casam e também os que têm poucos ou nenhum filho. A opção por não deixar descendentes não deriva, como se poderia pensar, da vontade egoísta de não criar e educar filhos, mas de não querer que eles sofram em um mundo desprovido de poesia e encantamento.

Idealistas têm, como já comentei, paixão pela liberdade e paixão pela igualdade, impossíveis de alcançar em um mundo no qual as instâncias de poder se opõem a essas duas prerrogativas humanistas. O amor incondicional pelo outro e a defesa da igualdade e da liberdade para viver tal sentimento explicam porque é entre os idealistas que se encontra o maior número de pessoas martirizadas ou propensas ao sacrifício. Eles são/foram os precursores do cristianismo, mentores e profetas como Gandhi, Martin Luther King Jr. e Khalil Gibran. Enquanto os dois primeiros lutaram pelos direitos de "seus" povos e foram assassinados, Gibran teve por meta consolar a humanidade. Afirmou que os poetas são mais importantes que os políticos para a evolução da consciência. Seus escritos influenciaram o movimento da contracultura e foram além por tratarem de dilemas existenciais que extrapolam fronteiras e épocas.

Também desse grupo fizeram parte pessoas anônimas, em qualquer família, desejosas de renunciar a uma vida pessoal em favor dos outros ou de afastar-se da vida prosaica para se dedicar à salvação do planeta. Tais projetos, tidos como radicais por grande parte das pessoas, dão sentido à vida delas.

Há, no entanto, outra nuança do radicalismo do idealista não propriamente nobre: aquela diretamente relacionada com a cólera e o desejo de vingança. O médico romano Galeno, que viveu no século II da Era Cristã e que ainda hoje influencia muitos terapeutas, já havia identificado os humores dos quatro temperamentos. Chamou os hedonistas de sangüíneos porque são tipos muito ativos; os guardiães de melancólicos, porque são estóicos; os idealistas de coléricos; e os cerebrais de fleumáticos. Ele não errou em sua observação, mas se equivocou ao atribuir a fluidos orgânicos as características essenciais de um temperamento.

A cólera é uma emoção que pode atingir qualquer pessoa, mas no caso do idealista é despertada pelo escárnio a valores que considera sagrados, como a liberdade, a justiça, a igualdade e a integridade, e é resultado da ira. Como bem notou Aristóteles em *Ética a Nicômaco*, "os irascíveis encolerizam-se depressa, com pessoas e coisas indébitas e mais do que convém, mas sua cólera não tarda a passar, e isso é o que há de melhor em tais pessoas. São assim porque não refreiam a sua ira, mas a sua natureza ardente as leva a revidar logo, feito o quê, dissipa-se a cólera" (1979, p. 112).

Embora a cólera não seja o sentimento mais notável em idealistas (a compaixão é o principal), na história da humanidade encontram-se alguns líderes que se deixaram levar por ela, quando os valores que mais prezavam foram violados, desvirtuados ou impedidos de serem expressados.

Cerebrais: arrogância e tirania

Talvez por se reconhecerem bastante diferentes da maioria dos "mortais", boa parte dos cerebrais poderá parecer (e, às vezes, é) arrogante e também tirana. Como expliquei na introdução deste capítulo, essas disposições afloram se houver um reforço positivo, proveniente da família, da escola e da sociedade em que o cerebral for criado.

Falarei um pouco de mitologia, o mais importante repositório do inconsciente coletivo. Mitos são narrativas alegóricas que explicam fatos naturais, históricos ou filosóficos; desse ponto de vista, constituem-se nas melhores fontes para localizar os mais fortes exemplos de arrogância e tirania (uma está quase sempre ligada à outra). Nem é preciso ir aos primórdios, basta que nos detenhamos à mitologia engendrada na Idade do Ouro. É nessa fase que surge Zeus, o deus maior da mitologia grega, que representa a força do patriarcado na cultura ocidental. O todo-poderoso deus do Céu e da Terra casou-se sete vezes (a última com a deusa Hera) e deitou-se com inúmeras imortais e mortais, com quem teve filhos adulterinos, os heróis. Também raptou Ganimedes, um belo troiano, que depois transformou no aguadeiro da constelação de Aquário.

Zeus é, portanto, o exemplo máximo da arrogância e da tirania, porque se valeu de sua condição de divindade máxima para conquistar, dominar, raptar, seduzir e punir. Também sua filha favorita, a cerebral Atena, demonstrou ser arrogante e tirana ao rejeitar o casamento com um deus e, especialmente, com Hefesto, o metalúrgico (num claro preconceito a quem, em vez de uma atividade mental, exercia um trabalho manual), e ao punir Aracne, que a vencera em um concurso de trabalhos manuais. Como castigo, a artesã foi condenada a tecer eternamente o mesmo trabalho (a teia de aranha).

Sua meia-irmã, a deusa Ártemis, foi ainda mais cruel. Observada a distância pelo pastor Ácteon, enquanto se banhava em uma fonte, ela o transformou em um gamo. Não o reconhecendo na forma animal, seus cães o mataram e devoraram.

A arrogância insuflada pela vaidade causou muitas tragédias. A maior de todas foi a Guerra de Tróia, que teve como ponto de partida o pomo da discórdia. Por não ter sido convidada para uma boda no Olimpo, a deusa Éris, de pirraça, foi ao casamento e levou uma maçã de ouro. Durante o banquete, ofereceu-a "à mais bela" das deusas, sem mencionar quem era. Atena, Hera e Afrodite disputaram a prenda. Instituiu-se, então, um concurso de beleza, para o qual Zeus nomeou o jovem herdeiro do trono de Tróia, Páris, como juiz. As três concorrentes resolveram suborná-lo. Atena lhe ofereceu glória, Hera, poder, e Afrodite, o amor da mais bela mortal, Helena. Ocorre que esta era esposa do rei de Esparta, portanto uma mulher proibida. Páris preferiu a oferta de Afrodite, que também lhe facilitou o ingresso nos aposentos da rainha quando o marido estava ausente. Helena e Páris se apaixonaram, o que motivou o rapto da jovem e sua ida a Tróia. A fuga deu início à guerra, que durou dez anos e causou muitas perdas de ambos os lados.

A vaidade, a arrogância e a tirania de Afrodite foram causa de outros acontecimentos trágicos: a separação de seu filho Eros e o sofrimento de sua nora Psiquê (ver capítulo seguinte).

Mas a mitologia não supera a vida real: a história da civilização reúne um grupo quase incomensurável de líderes tiranos e arrogantes que, em nome da tradição, da fortuna ou do poder, colocaram-se acima de outros cidadãos. Deixando de lado os sempre citados conquistadores Alexandre Magno e Júlio César, é mais interessante para uma obra deste tipo invocar o todo-poderoso Henrique VIII, rei da Inglaterra durante o período de 1509 a 1547. Casado com Catarina de Aragão, quis divorciar-se dela para se casar com Ana Bolena, mas a igreja católica romana proibia o divórcio. Henrique VIII proclamou, então, o Ato de Supremacia, em 1534, pelo qual o parlamento britânico se recusava a reconhecer a autoridade papal. O monarca fundou a igreja anglicana, da qual se considerou o supremo chefe e, nessa condição, poderia mudar as regras sempre que desejasse.

Do casamento com Ana Bolena, Henrique VIII teve a filha Elizabeth I, mulher igualmente arrogante e despótica que, entre outras atrocidades, mandou prender e decapitar a prima Maria Stuart, rainha da Escócia, por rivalizarem ambas pelo trono da Inglaterra.

O casamento de Henrique VIII com Ana Bolena terminou com a decapitação dela. O rei já cogitava casar-se com Jane Seymour e, depois, uniu-se a Ana de Clèves. Posteriormente, Henrique VIII tomou para esposa Catarina Howard, que teve a mesma sorte que Bolena. Finalmente, casou-se com Catarina Parr, que sobreviveu a ele.

No entanto, antes da época de Henrique VIII, a arrogância já estava estabelecida nos feudos medievais, onde os suseranos se reservavam o direito de passar a noite de núpcias com as noivas recém-casadas de seus vassalos.

No âmbito das relações amorosas, supostamente igualitárias, minha memória traz à baila o tirano e arrogante Abelardo (o parceiro de Heloísa). No século XII, após embates com a *intelligentsia* da época, ele se impôs como "o melhor filósofo". Depois que o tio de Heloísa proibiu o relacionamento entre ambos e trancafiou a sobrinha em um convento, Abelardo, mesmo a distância, atribuiu-se o direito de continuar a ser o mentor intelectual dela. Enquanto a romântica e doce abadessa lhe escrevia cartas ternas e apaixonadas – porque a ele se entregara de corpo e alma –, na correspondência dele percebe-se que se investira do direito de dirigir a consciência da esposa.

Outro arrogante histórico foi Napoleão Bonaparte – não somente porque desejou dominar toda a Europa, mas por comportamentos mais triviais. O momento de sua coroação como imperador da França é emblemático. Naquele tempo (1804), era costume que o papa pusesse a coroa sobre a cabeça do rei ou do imperador, simbolizando com o ato a confirmação da Igreja. Durante a cerimônia, Napoleão tomou a coroa das mãos do papa e coroou a si mesmo. Depois, coroou a mulher, Josefina. Com tal gesto, quis dar um recado a todos: não havia ninguém acima dele.

Não apenas os poderosos são arrogantes. Arrogância é um estado de espírito e pode dominar qualquer pessoa que se suponha superior a outras. O grau também varia, indo de atitudes triviais a gestos desmesurados. Recentemente, o modelo Arthur Bataus, que trabalha para a Agência Ford e faz desfiles pelo mundo, contou à imprensa que sua escolha profissional desgostou tremendamente seu pai, um cientista que trabalha no Projeto Genoma Humano. Segundo Arthur, o genitor expressou sua contrariedade dizendo ao filho que não o educara "nos melhores colégios para virar modelo" (França e Cafardo, 2008). Visões de mundo diferentes: Arthur, hedonista, valoriza holofotes; o pai dele, cerebral, a glória.

No cinema, o sueco Ingmar Bergman apresentou um personagem vaidoso e arrogante que, somente ao final da existência, medita sobre o sentido que dera à própria vida. O professor Isak Borg (representado pelo ator Viktor Sjöström), do filme *Morangos silvestres*, percorre seu país para receber um prêmio. No percurso reflete sobre sua trajetória e conclui que perdera a alma ao concentrar-se egoisticamente em seus objetivos e carreira.

Allegro, um filme recente do diretor dinamarquês Christoffer Boe, tem como protagonista uma pessoa parecida com Isak Borg. É o pianista clássico Zetterstrom (Ulrich Thomsen), menino prodígio cujo único interesse é tornar-se o artista mais brilhante de seu tempo. Para isso, desliga-se de tudo que possa atrapalhar seus planos, inclusive da esposa, belíssima. Muda-se para Nova York, capital do mundo, e, quando retorna à Dinamarca, tem a oportunidade de confrontar-se com o passado e com as opções feitas anos antes. Pessoas que conhecem temperamentos podem confundir o cerebral Zetterstrom com um hedonista, pois o virtuosismo é uma característica forte desse temperamento. No entanto, o filme evidencia que não: hedonistas adoram luzes e holofotes, e o pianista de *Allegro* não permite que os espectadores o vejam no palco. Ele toca no escuro e a assistência tem os olhos vendados.

Politicamente, um dos mais instigantes tiranos dos anos recentes é um personagem de ficção, apresentado no livro *A mão do amo*, pelo escritor argentino Tomás Eloy Martínez. É Carmona, um cantor raro – sua voz atinge todos os registros, do mais grave ao mais agudo – que nunca fez sucesso, porque jamais deixou a pequena cidade onde nasceu e cresceu. Educado pela mãe, uma mulher castradora, Carmona aprendeu a relacionar o verbo amar à "mão do amo". Quando ela morre, o leitor pensa que o protagonista está salvo. Mas, não! O cantor herda os gatos que ela criava e, por isso, a presença da tirana se mantém em seu dia-a-dia. Aos poucos, Carmona mergulha no alcoolismo, na depressão e na loucura, a ponto de afogar os felinos em uma banheira. À imprensa, na época do lançamento do livro, Martínez explicou que não escrevera sobre a genitora, mas sobre a ditadura militar sob a qual crescera, na Argentina.

NOTAS

PEDRO I, O "DEMONÃO"

Vários relatos que sobreviveram ao tempo dão conta do temperamento instável, emotivo e sensual do primeiro imperador do Brasil. Casou-se duas vezes; a primeira com Dona Leopoldina e a segunda com Dona Amélia. Foram casamentos de conveniência, como era (e ainda é) praxe na Monarquia.

Dom Pedro I teve várias amantes, muitas delas mulheres do povo. Amou, principalmente, Maria Domitila, a quem concedeu o título de Marquesa de Santos; com ela teve filhos adulterinos. As cartas que lhe escreveu e que ficaram para a posteridade são um testemunho do temperamento apaixonado e lascivo do imperador, que se auto-intitulava "Demonão".

A obra *O chalaça*, de José Roberto Torero, permite conhecer um pouco da vida e dos sentimentos íntimos de Dom Pedro. Chalaça era o apelido de Francisco Gomes da Silva, que foi secretário do imperador. Quanto ao decantado apetite sexual do então príncipe, o livro de Torero apresenta o seguinte texto ilustrativo:

> Devo dizer, no entanto, que nos dez anos em que fui criado do paço, não era uma coisa incomum ser convidado por D. Pedro para noitadas, e que era menos incomum ainda essas noitadas terminarem em alcovas de senhoras da sociedade fluminense... A maioria das mulheres dava-se por muito honrada em ser convidada a deitar-se com o Imperador, e os maridos, quando não se sentiam orgulhosos por emprestarem suas esposas *ad usum rex*, protestavam apenas para ganhar algumas patacas. (Torero, 1974, p. 68)

SOCIOPATAS DE EÇA

Relacionar-se com um homem/mulher que expresse fortemente características negativas dos hedonistas (mentir, enganar, fraudar) é sempre uma aventura plena de riscos. Os pais são muito importantes na infância e adolescência como "podadores" de más tendências do arquétipo. É preciso estar atento a pequenos indícios que sejam demonstrativos de desvios de conduta, como mentir de forma contumaz (ainda que as mentiras sejam tolas), fraudar, chantagear ou roubar.

Na idade adulta, hedonistas que tenham desenvolvido qualidades negativas do arquétipo poderão ser nocivos à humanidade, à sociedade e à família. A história registrou expressiva quantidade de vultos que apresentavam alguns caracteres do hedonista sociopata. Também a literatura universal contém grande número de personagens com essa conformação arquetípica. Na literatura portuguesa, Eça de Queirós desenvolveu no mínimo três personagens representativos do tipo: Basílio e Juliana, protagonistas do romance *O primo Basílio*, e Teodorico Raposo, o sociopata de *A relíquia*. Teodorico se faz passar por beato diante da beata tia Patrocínio (guardiã) com o intuito de herdar-lhe a fortuna. Na verdade, não passava de um *bon vivant* hipócrita e sensual. Atendendo a um desejo da tia, empreende uma viagem à Terra Santa, de onde promete trazer a coroa de espinhos de Jesus Cristo. Era a relíquia pretendida pela piedosa senhora. O rapaz se valeu de seu talento para fraudá-la, mas foi desmascarado pelo "destino": o papel em que embrulhara um ramo de árvore espinhosa foi também usado para envolver a camisola de sua amante de viagem, Mary. Um trecho:

> – Titi, meus senhores... Eu não quis revelar ainda a relíquia que vem aqui no caixotinho, porque assim mo recomendou o senhor Patriarca de Jerusalém... Agora é que vou dizer... Mas, antes de tudo, parece-me bem a pêlo explicar que tudo cá está nesta relíquia, papel, nastro, caixotinho, pregos, tudo é santo! Assim, por exemplo, os preguinhos... são da Arca de Noé... Pode ver, senhor Padre Negrão, pode apalpar! São os da Arca, até ainda enferrujados... É tudo do melhor, tudo a escorrer virtude! Além disso, quero declarar diante de todos que esta relíquia pertence aqui à Titi, e que lha trago para provar que em Jerusalém não pensei senão nela, e no que Nosso Senhor padeceu, e em lhe arranjar esta pechincha...
>
> ....
>
> – É a coroa de espinhos!
>
> ....
>
> Uma brancura de linho apareceu... A Titi segurou-a nas pontas dos dedos, repuxou-a bruscamente – e sobre a ara, por entre os santos, em cima das camélias, aos pés da cruz – espalhou-se, com laços e rendas, a camisa de dormir da Mary!
>
> A camisa de dormir da Mary!... Em todo o seu luxo, todo o seu impu-

dor, enxovalhada pelos meus abraços, com cada prega fedendo a pecado! (1997, p. 232-3)

"Um bonde chamado desejo"

Blanche Dubois, a personagem feminina mais importante da obra de Tennessee Williams, é um exemplo forte de uma idealista maltratada pela vida. Ela e sua irmã Stella, descendentes de franceses, haviam sido educadas como "aristocratas". A família empobreceu e Stella encontrou em Stanley Kowalsky o apoio de que necessitava para continuar vivendo. Blanche casou-se muito jovem com um rapaz homossexual que, pouco tempo depois, acabaria se matando.

O suicídio do marido desencadeou impulsos destrutivos e uma busca desenfreada de amor. Professora de literatura, seduziu um aluno adolescente, fato que culminou com sua expulsão da escola. Cansada, Blanche foi buscar abrigo com a irmã, na tentativa de encontrar um pouso e um porto. Ali conheceu Mitch, um homem de maneiras finas, com quem imaginava ter um romance e até um lar. No entanto, o cunhado investigou seu passado e a denunciou ao pretendente. O fato é que Stanley se sentira irremediavelmente atraído. Ele se aproveita da ausência de Stella (na maternidade, dando à luz o primeiro filho) e violenta a cunhada. A partir daí, a personagem vai enlouquecendo pouco a pouco, até terminar num hospício.

Um breve perfil de Stanley permite reconhecer o hedonista sociopata:

> Stanley abre num repelão a porta de tela da cozinha e entra. Tem estatura média, entre 1,72 m e 1,75 m, e é de compleição robusta e compacta. Uma alegria animal está implícita em todos os seus movimentos e atitudes. Desde os primeiros anos de sua idade adulta, o centro de sua vida tem sido o prazer com as mulheres, o dar e o receber do jogo do amor, não com uma fraca atitude de concessão, de maneira dependente, mas sim com o poder e o orgulho de um galo emplumado de ricas penas em meio às galinhas... amabilidade para com outros homens, seu gosto pelo humor grosseiro, seu amor por bebida, comida e jogos, seu carro, seu rádio, tudo que lhe pertence, que traz seu emblema de macho rompante. Ele avalia as mulheres num só olhar, com classificações sexuais em que imagens cruas faíscam em sua mente e determinam a maneira como ele sorri para elas. (1976, p. 33)

O guardião e a traição

O romance *Dom Casmurro* é talvez a obra mais conhecida de Machado de Assis, objeto de estudos e análises de toda ordem, além de ter sido transposta para o cinema. A história é simples e corriqueira, mas psicologicamente muito bem construída. Do ponto de vista das parcerias entre temperamentos díspares, oferece uma visão acurada do que pode fazer um guardião introvertido e com baixa auto-estima quando se enamora de uma hedonista pensadora e extrovertida.

O enredo gira em torno da vida de Bentinho, rapaz criado pela mãe viúva em uma casa matriarcal, situada na rua de Matacavalos, Rio de Janeiro. Nesse endereço, Bentinho conheceu, apaixonou-se, casou-se e se desiludiu. O nome da amada: Capitolina, ou Capitu, bela morena com "olhos de ressaca".

A vida era maravilhosa. Bentinho tinha tudo que um guardião poderia desejar: seu reino (o lar), vida econômica confortável, uma bela esposa e, para coroar tudo isso, um filho de nome Ezequiel. Até que, um dia, a suspeita invade o íntimo de Bentinho: Capitu o teria traído com seu melhor amigo, Escobar.

O adultério nunca foi confessado. Bentinho deduziu que fora traído analisando os olhares e silêncios da acusada. O capítulo que narra a provável comprovação do adultério de Capitu, no dia do velório de Escobar, quando Bentinho alude aos olhos de ressaca da esposa, é decisivo:

> Enfim, chegou a hora da encomendação e da partida. Sancha quis despedir-se do marido, e o desespero daquele lance consternou a todos. Muitos homens choravam também, e as mulheres todas. Só Capitu, amparando a viúva, parecia vencer-se a si mesma. Consolava a outra, queria arrancá-la dali. A confusão era geral. No meio dela, Capitu olhou alguns instantes para o cadáver tão fixa, tão apaixonadamente fixa, que não admira lhe saltassem algumas lágrimas poucas e caladas... As minhas cessaram logo. Fiquei a ver as dela; Capitu enxugou-as depressa, olhando a furo para a gente que estava na sala. Redobrou de carícias para a amiga, e quis levá-la; mas o cadáver parece que a retinha também. Momento houve em que os olhos de Capitu fitaram o defunto, quais os da viúva, sem o pranto nem palavras desta, mas grandes e abertos como a vaga do mar lá fora, como se quisesse tragar também o nadador da manhã. (Assis, 1975, Cap. 123: "Olhos de Ressaca")

Além do olhar da esposa sobre o falecido, Bentinho teve certeza da traição à medida que Ezequiel crescia. O garoto, conforme a percepção de Dom Casmurro, parecia-se cada vez mais com o amigo morto. Para tão grande traição só havia um remédio: a vingança. Primeiro, Bentinho pensou em matar o garoto. Depois, considerou que o desterro de mãe e filho seria a melhor solução. Enviou-os para a Europa. Lá faleceram, enquanto o injuriado se consumia, no Brasil, ensimesmado. Quando se trata de punir um comportamento "falho" ninguém é mais inclemente do que um guardião, inclusive contra si mesmo.

"Dona Flor": um triângulo de opostos

Um amante hedonista e um marido guardião parecem configurar o modelo perfeito de felicidade para uma mulher sensorial. É o que se conclui após ler o romance de Jorge Amado, no qual Dona Flor se divide entre o sensual e impudico Vadinho (o amante) e o contido e moralista Teodoro (o marido). Um trecho:

> Ao acordar, as sombras da noite haviam chegado e também o doutor Teodoro:
> – Dormiu, minha querida? Você devia estar morta, coitada... Além de gastar suas economias, ainda essa labuta...
> – Não digas tolices, Teodoro... – e, pudica, cobriu-se com o lençol.
> Na semi-escuridão do quarto, ela procurou Vadinho, não o viu. Certamente partira, ao sentir os passos do doutor. Será que ele anda com ciúmes de Teodoro? – perguntou-se dona Flor num sorriso. Vadinho negava, é claro, mas dona Flor tinha certa desconfiança.
> Doutor Teodoro vestiu o paletó de pijama, dona Flor pôs a bata, levantando-se. O marido tomou-lhe das mãos:
> – Que trabalheira, hein, minha querida? Mas vale a pena, agora possuímos nossa casa. Eu não descansarei, porém, enquanto não pagar a hipoteca e não depositar na Caixa todo o dinheiro que você empregou na transação.
> [...] – Esse teu namoro com teu marido está ficando escandaloso...
> – Hein? O quê?
> – Então eu não vi ontem, você e o doutor no maior idílio, vindo do quarto, ainda agarradinhos?
> – Você está falando de mim e de Teodoro? – perguntou ainda em susto.

– E de quem havia de ser? Você está ficando broca? O doutor anda saindo do sério... E antes do jantar, hein? A função continuou depois? Também, havia que festejar a compra da casa...
– Que conversa, Norminha... Não houve função nenhuma...
– Ah! Minha santa, isso não. Você com todas essas marcas de chupão no pescoço, cada qual mais bonita, e a me dizer que não houve nada... Eu não sabia que o doutor era do tipo sanguessuga...
– Ah! Vadinho mais perjuro, mais louco e mais tirano..." (Amado, 1966, p. 460-1)

Erotismo, família e futuro

Se é verdadeiro que o casamento e a família sofreram inúmeras transformações nos últimos séculos as quais se acentuaram a partir dos anos 1960 em virtude do movimento das mulheres, é igualmente verdade que nas últimas décadas assistiu-se a profundas mudanças na expressão do erotismo.
A antropóloga Helen Fisher estudou 62 culturas diversas, concluindo que os padrões de sexualidade humana próprios das populações africanas, no início do desenvolvimento da humanidade, estão retornando. No estudo *Sexo milenar* (2006), ela diz:

> Quando observo os modelos humanos de sexo, adultério e romance em culturas do mundo todo, tiro algumas conclusões sobre o nosso futuro. Nos primórdios da África, há milhões de anos, quando nossos ancestrais ainda caçavam animais de grande porte e colhiam raízes e frutas para viver, eles desenvolveram uma espécie de padrão de sexualidade humana.

As experiências sexuais eram iniciadas em tenra idade. A puberdade começava mais tarde, por volta dos 17 anos, e as mulheres raramente engravidavam antes dos 20. Quatro anos era o período que mediava o nascimento de um filho em relação ao outro. As mães contavam com muitos parentes para ajudá-las a cuidar das crianças, principalmente quando tinham de sair de casa em busca de comida.
Também era comum o adultério para ambos os sexos. As mulheres desfrutavam de poder tanto quanto os homens e adotavam práticas sexuais semelhantes. Isso quer dizer que o sexo não era tabu nem objetivava uni-

camente à procriação. A vida sexual continuava após a menopausa. Sexo e romance eram práticas cotidianas.

Estudos históricos revelam que a transformação do relacionamento entre homens e mulheres ocorreu 8.000 anos antes de Cristo. A invenção do arado contribuiu para fixar os povos nas planícies férteis, e, assim, a mulher perdeu a independência econômica. As crianças também pagaram um preço. Foram transformadas em mão-de-obra para as lavouras, ajudando na colheita dos vegetais.

Essa mudança afetou profundamente o casamento. Este passou a ter um caráter utilitário: as pessoas se casavam para agregar bens e, então, era preciso que o matrimônio incorporasse o ideário da monogamia e da fidelidade. Com isso, verificou-se uma mudança de paradigma na sexualidade, principalmente em relação às mulheres, vistas não mais como parceiras sexuais, mas como parideiras.

Essas novas exigências contribuíram para o declínio do erotismo, para a associação do sexo ao pecado e a valorização da virgindade da mulher e do celibato clerical.

> Hoje, podemos observar um retorno ao nomadismo e ao modo de vida da caça e da busca de alimentos, o que nos traz um retorno à sexualidade que nossos ancestrais cultivaram. O lar não é mais o local de produção... Nossa tendência é migrar do trabalho para casa, para a escola, para a casa de veraneio. Somos muito mais nômades. Tendemos a nos divorciar muito mais regularmente e, então, casamos de novo... Temos menos filhos e o espaço de tempo entre um nascimento e outro é cada vez maior. A sexualidade feminina está se tornando muito mais proeminente. (Fisher, 2006)

8 Recado às mulheres

"O amor é uma negação do poder", conforme notou o filósofo Renato Janine Ribeiro em palestra sobre o tema no *Café Filosófico*, programa dominical da TV Cultura. Os poetas, há séculos, sabiam disso; hoje, diferentes intelectuais – inclusive cientistas – reconhecem que é uma arma vigorosa contra a dominação do homem pelo homem. No início da década de 1980, o físico austríaco Fritjof Capra lançou um livro que acenava com um novo paradigma para o relacionamento humano e a relação do homem com o planeta. Tem por título *O ponto de mutação*.

O foco de sua argumentação é a oposição de forças que regem a vida na Terra, desde o século XVII, data da entronização do pensamento racional, em oposição ao sentimento. De um lado, havia a auto-afirmação masculina, caracterizada pelo comportamento agressivo, competitivo e expansivo (ou conquistador); de outro, o comportamento integrador das mulheres: receptivas, cooperadoras, intuitivas e conscientes quanto à necessidade de preservar a natureza (ecologia).

Escreveu Capra (1986, p. 41-2)

> A promoção do comportamento competitivo, em detrimento da cooperação, é uma das principais manifestações da tendência auto-afirmativa em nossa sociedade. Tem suas raízes na concepção errônea da natureza,

defendida pelos darwinistas sociais do século XIX, que acreditavam que a vida em sociedade deve ser uma luta pela existência regida pela "sobrevivência dos mais aptos". Assim, a competição passou a ser vista como a força impulsionadora da economia, a "abordagem agressiva" tornou-se um ideal no mundo dos negócios e esse comportamento combinou-se com a exploração dos recursos naturais, a fim de criar padrões de consumo competitivo.

Do ponto de vista que interessa a este livro, as parcerias, Capra entende que tanto na cultura ocidental quanto na oriental espera-se e, com freqüência, força-se a mulher a satisfazer as necessidades de apoio, compreensão, espontaneidade e contato humano.

> Assim, secretárias, recepcionistas, aeromoças, enfermeiras e donas-de-casa executam tarefas que tornam a vida mais confortável e criam a atmosfera em que os competidores podem triunfar [...] esses serviços têm um *status* inferior em nosso sistema de valores [...] quem as desempenha recebe salários inferiores. (*Ibidem*, p. 42)

Ainda que eu concorde com alguns aspectos do discurso, ele contém falhas. A principal: não se pode culpar exclusivamente os homens pelo predomínio do poder sobre os sentimentos. A leitura de um bom livro de história da humanidade e o convívio com pessoas de diferentes temperamentos evidenciam que mulheres não são preponderantemente sentimentais nem os homens são sempre "racionais" e competitivos. Em meu trabalho de aconselhamento, deparei com homens cooperadores e amáveis e com mulheres agressivas e competitivas. É claro que essas pessoas nasceram com um temperamento mais auto-afirmativo ou mais integrador, e tudo que a cultura fez foi reforçar as características inatas.

Forneço mais um dado: no ambiente empresarial, de fato, predominam os tipos pensadores. Contudo, isso acontece inclusive quando são mulheres que estão no comando. Estatísticas sobre temperamentos, recolhidas em empresas, mostram que o temperamento preponderante é o guardião pensador, seguido pelo cerebral. Juntos, representam mais de três quartos dos líderes. Os hedonistas sentimentais e os idealistas aparecem com pouco mais de 10% cada um. Embora esses números tenham sido recolhidos em empresas, e a amostra composta por mais de cem mil pessoas seja "viciada", eles devem ser levados em conta, pois o "mundo" empresarial hoje é a instância mais poderosa a refletir o *ethos* social.

No entanto, este não é um livro sobre economia. Retornando ao tema proposto, quero resgatar uma história de amor antiga, que contém todos os ingredientes da luta das mulheres pela igualdade, como se fosse uma profecia. Ouvi-a pela primeira vez na adolescência, durante uma aula de latim ministrada pelo humanista Tristão Bauer. Na época, fiquei deslumbrada pelo que pareceu ser um conto de fadas. Décadas mais tarde, ao relê-la na obra do mitologista Junito de Souza Brandão, minha impressão foi outra.

Eis a história, de forma resumida:

Houve uma vez um rei e uma rainha que tinham três filhas em idade de se casar. A caçula, Psiquê, era belíssima. Tão bela que muitos a confundiam com a própria Afrodite. A deusa, sentindo-se desonrada com a adoração dedicada à simples mortal, incumbiu o filho Eros, que disparava as flechas do Amor, de fazê-la apaixonar-se pelo mais horrendo dos mortais.

Os pais de Psiquê, preocupados, pois apesar de tão linda não conseguia arranjar casamento, dirigiram-se a Delfos para consultar o oráculo de Apolo. A orientação foi clara: a jovem deveria ser conduzida ao alto de um rochedo, vestida com uma mortalha, e ali se casaria com um monstro.

A contragosto, os pais realizaram o desejo dos deuses. Porém, Eros, fascinado pela moça, ordenou a Zéfiro (o vento) que a transportasse para um vale cheio de flores. Em sonho, Psiquê foi conduzida a esse local e, ao abrir os olhos, deparou com um palácio luxuoso, com pisos revestidos de pedras preciosas e paredes feitas de ouro maciço.

O palácio, no entanto, estava vazio! Cuidavam dele diversas vozes, que logo se colocaram à disposição da hóspede, servindo-a e lhe fazendo companhia. Eros, também invisível, chegou ao cair da noite para dormir com sua amada. Essa passou a ser a rotina na vida da jovem que, apesar de não ter companheiros visíveis, era feliz.

Tais fatos chegaram ao conhecimento da família de Psiquê, levados pela deusa Fama. As irmãs, ao mesmo tempo empolgadas e invejosas, resolveram empreender viagem para reencontrá-la e ver com os próprios olhos a felicidade da caçula. Eros, temendo pela harmonia doméstica, advertiu a parceira sobre a iminente visita, prevenindo-a quanto ao risco que corriam. Disse-lhe que não prestasse atenção aos lamentos das irmãs à beira do rochedo, que escondia o palácio, nem se deixasse ver.

Ela, porém, saudosa das parentes e do contato com seres humanos, suplicou a Eros que lhe permitisse recebê-las. Com seu encanto, conseguiu convencê-lo. Ele ordenou, então, a Zéfiro que transportasse as visitantes até o palácio. Mas, antes, fez Psiquê prometer que não acataria nenhuma sugestão das intrusas, principalmente se elas a aconselhassem a tentar ver o rosto do marido.

As irmãs se reencontraram. Houve choros e risos, misturados com exclamações admiradas das visitantes, que nunca haviam visto um palácio tão maravilhoso, servido por vozes. Fizeram muitas perguntas e, como Eros previra, estranharam que a irmã nunca tivesse visto a face do esposo, aconselhando-a a dar um fim àquela situação.

As irmãs partiram. Eros e Psiquê continuaram se amando. A jovem engravidou e o deus do Amor tornou-se mais cuidadoso. Sabendo que as irmãs, invejosas e desconfiadas, não lhes dariam sossego, continuou advertindo a esposa para que não as recebesse no palácio, pois a felicidade de ambos correria sério risco.

De nada adiantaram as recomendações. As irmãs nem precisaram de autorização para voltar ao palácio e mal conseguiram esperar por Zéfiro. Precipitaram-se abismo abaixo e bateram à porta da morada da caçula. Desta vez, foram mais incisivas quanto ao direito (e dever) que Psiquê tinha de conhecer a real face de Eros. Disseram-lhe que corria um grande perigo, pois comentava-se na região que quem se deitava com ela era uma serpente de mil anéis, peçonhenta e dotada de imensa boca. O próprio oráculo de Apolo previra que ela desposaria um monstro e, o mais importante, os camponeses tinham avistado o horripilante ofídio entrando no palácio ao cair da noite.

As visitantes reforçaram o sentimento de pânico da anfitriã, dizendo que a serpente devoraria a ela e à criança que trazia no ventre. Apavorada, ela pediu às irmãs que a ajudassem a solucionar tal dilema. Elas não se fizeram de rogadas. Aconselharam Psiquê a preparar um punhal bem afiado e um candeeiro. Assim que Eros adormecesse profundamente, deveria iluminar-lhe a face e, de um único golpe, cortar-lhe a cabeça. Conselho dado, elas se apressaram em partir.

À noite, tendo o deus adormecido, a jovem se viu presa de indizível angústia. Não sabia se deveria agir conforme os ensinamentos das irmãs ou se deveria obedecer ao esposo. Seu humor oscilava da alegria à tristeza, da hesitação à resolução definitiva, da certeza à dúvida. Seria o esposo o monstro que descreviam?

Após várias horas de martírio, ela decidiu acatar os conselhos das irmãs. O candeeiro iluminado lhe revelou a mais fantástica visão: o rosto de Eros. A fera descrita pelas visitantes era, na verdade, a imagem mais bela que já vira em sua curta existência. Petrificada, quis matar-se de tanto remorso, mas o punhal lhe caiu da mão. Viu, então, a aljava e as flechas do marido. Tocou uma das flechas e feriu a mão.

Alucinada de paixão, inclinou-se, então, sobre o esposo, beijando-o seguidamente. Esse gesto foi fatal. Como ainda segurava o candeeiro, uma gota de óleo quente caiu sobre o ombro do amado, que despertou, sobressaltado. Percebendo o que Psiquê fizera, o deus alçou vôo, abandonando a esposa. Terminava aí a fase do sonho e tinha início o calvário que a ela estava destinado.

Foi o próprio Eros quem a informou, alguns dias depois, do destino que a esperava. O deus do Amor apareceu-lhe no alto de um cipreste para dizer-lhe que como castigo nunca mais se veriam. Quanto às irmãs invejosas, a própria Psiquê se constituiria em seu algoz: pereceriam no abismo, atraídas pela possibilidade de desfrutar da atenção do cunhado.

A jovem quis morrer, atirando-se a um rio, mas ele a devolveu à terra firme. Aconselhada por Pã a desistir da morte e a procurar por seu Amor, partiu antes para a casa das irmãs, onde os fados se cumpriram conforme previra o deus. Psiquê estava livre de suas rivais, mas não sabia que iria defrontar-se com uma inimiga ainda mais poderosa: a própria Afrodite.

A mãe do deus do Amor fora informada por uma gaivota sobre a desdita do filho. Enraivecida e enciumada por ele ter desposado uma mortal, que com ela rivalizava em beleza, a deusa procurou Eros e ameaçou deserdá-lo. Pior que isso: disse que entregaria a um de seus escravos as asas, o archote e as flechas que ela lhe dera.

As deusas Hera e Deméter foram visitadas, nessa oportunidade, tanto pela sogra como pela nora. Afrodite queria encontrar Psiquê para se vingar. Portanto, nada mais natural que buscar a ajuda delas, também mães, que entenderiam seu ponto de vista. Temendo desgostar Eros, as deusas do casamento e da maternidade preferiram não interferir. Psiquê desejava reencontrar o marido e pedir que a perdoasse. Mas, desta vez, Deméter e Hera temiam enfurecer a deusa do Amor.

A vingativa sogra recorreu, então, a um poder mais alto. Pediu a Zeus que enviasse Hermes à Terra para anunciar que uma de suas escravas havia fugido; quem a encontrasse seria regiamente recompensado.

A própria Psiquê se encaminhou para o palácio de Afrodite. Hábito, uma das servas da deusa, agarrou-a pelos cabelos e levou-a à presença de sua ama. Ela, ao ver a nora, passou a insultá-la e a humilhá-la, ordenando à Inquietação e à Tristeza (duas outras escravas) que a torturassem.

Ainda não era tudo. Afrodite impôs a Psiquê quatro tarefas dificílimas. A primeira: durante a noite, a jovem deveria separar uma grande quantidade de sementes – trigo, cevada, milho, lentilhas, favas, grãos-de-bico e sementes de papoula. Psiquê ficou aterrada. Como poderia levar a cabo aquela missão impossível?

Apareceu, então, sua primeira grande aliada: uma formiga. Penalizada com o sofrimento da jovem, convocou um exército de operárias, que passaram a noite executando a tarefa. Quando o dia amanheceu, as sementes estavam separadas por espécie, não havendo um único grão misturado.

A sogra suspeitou que Eros estivesse por trás daquela incrível proeza e, mais irritada do que nunca, atribuiu à jovem uma missão mais tenebrosa: ela deveria trazer-lhe tufos de lã de ouro tosquiados de carneiros selvagens, que viviam num bosque às margens de um rio caudaloso. Psiquê dirigiu-se ao rio, ansiando por afogar-se. Nesse local, encontrou seu segundo aliado, um junco verde que lhe ensinou os procedimentos necessários à execução da tarefa. Informou-a de que os animais somente eram ferozes quando o sol estava a pino e que costumavam descansar à tarde sob as árvores do bosque, deixando muitos flocos de lã presos aos ramos. Ela deveria esperar até o final do dia e, então, recolher a lã dos galhos.

Tendo recolhido boa quantidade de flocos, Psiquê procurou Afrodite. Ela, novamente, não se convenceu. E, mais enciumada do que sempre estivera, preferiu acreditar que Eros era o autor da façanha. Atribuiu à nora, então, a terceira tarefa, mais difícil que as duas anteriores. A jovem deveria trazer-lhe um vaso de cristal cheio de água venenosa, que jorrava de uma fonte no alto de um rochedo protegido por dragões.

Mesmo acreditando-se perdida, ela caminhou até o sopé da montanha, mas, ao avistar as escarpas, convenceu-se inteiramente da impossibilidade de cumprir a missão. Seria melhor matar-se. Apareceu, então, o terceiro aliado, a águia de Zeus. Com suas asas prodigiosas, voou entre os rochedos, encheu o frasco e o devolveu à Psiquê. Afrodite, desta vez, atribuiu o feito à bruxaria e encarregou a nora de uma quarta tarefa. Ela deveria encaminhar-se ao Hades e solicitar à Perséfone um pouco do creme da beleza imortal.

A infeliz esposa de Eros teve certeza de que, desta vez, não haveria escapatória. Ninguém que fosse ao Hades saía de lá. Foi então que a Torre veio em seu auxílio. Com palavras de incentivo, ensinou-lhe o caminho mais curto para a terra dos mortos, pois a tarefa proposta por Afrodite deveria ser cumprida num único dia. Falou-lhe também das armadilhas que encontraria e de como se livrar delas. A jovem levaria duas moedas na boca para pagar o barqueiro e dois bolos de cevada e mel (um em cada mão), para agradar Cérbero, o cão que vigiava as portas do mundo subterrâneo, de modo que ele a deixasse entrar e, depois, sair. Além dessa finalidade, havia a conveniência de manter as mãos e a boca ocupadas.

Psiquê iniciou a jornada, cheia de armadilhas preparadas pela sogra. Encontrou-se com o burriqueiro manco, que conduzia um asno igualmente coxo carregado de lenha. Ele lhe pediu que catasse as achas caídas, mas, estando ela com as mãos ocupadas, nada pôde fazer. A outra armadilha era representada pelo velho do rio. Quando estava no barco de Caronte, a caminho do Hades, ele se aproximou estendendo a mão e pedindo que ela o puxasse para a embarcação. Novamente, a jovem se negou e o barco prosseguiu viagem. Já nas cercanias do palácio de Perséfone, algumas velhas tecedeiras lhe estenderam as mãos, solicitando um óbolo, mas a viajante continuou seu caminho sem prestar atenção a elas. Todos esses trapaceiros estavam a serviço de Afrodite, que desejava que a nora deixasse cair um dos bolos, não podendo, portanto, sair do mundo dos mortos.

As arapucas, porém, não haviam terminado. Dentro do palácio, Psiquê foi convidada a sentar-se e a participar do banquete, mas deveria recusar, conforme instrução da Torre. Permaneceu de pé e aceitou tão-somente um pedaço de pão preto.

Tão logo Perséfone lhe entregou a encomenda de Afrodite, Psiquê abandonou o local. Mas, ao ver-se fora do mundo dos mortos, não resistiu à curiosidade e ao desejo de ter para si presente tão especial. Abriu a caixinha e, de forma fulminante, foi atingida por um profundo sono: não havia creme algum! Afrodite vencera!

Mas, não! Eros, recuperado do ferimento no ombro, abandonou o leito e, sabendo do que ocorria, voou para junto de sua amada. Despertou-a e, repreendendo-a delicadamente, mandou-a entregar a caixinha à mãe.

Enquanto a jovem completava a tarefa, o deus do Amor voou para o Olimpo e pediu a interferência de Zeus. Ele convocou todos os deuses a comparecer a uma assembléia e advogou em favor de Eros: "que ele goze de seu amor e tenha Psiquê em seus braços por toda a eternidade".

Todos os imortais aprovaram a união e Hermes foi incumbido de conduzir Psiquê à morada dos deuses. Ela foi recebida com as honras reservadas aos mais ilustres visitantes, tendo-lhe sido oferecida ambrosia, a bebida que a tornou imortal. Nesse clima, realizou-se a boda, que contou com as bênçãos da própria Afrodite.

A interpretação do mitologista Junito de Souza Brandão (1997, p. 231) é otimista:

> Os homens conquistam seu lugar no Olimpo, mas não graças a um herói masculino divinizado, porém graças a uma alma apaixonada; com isso, a mulher humana subiu ao Olimpo como um indivíduo e, a partir daí, com a perfeição conquistada pelo mistério do amor, viu-se lado a lado com os arquétipos da humanidade inteira, com os deuses imortais. [...] Com o triunfo do amor de Psiquê e com sua entrada no Olimpo completou-se para os povos ocidentais um processo que deveria vigorar por milênios. Pois, há dois milênios, o amor, como um fenômeno misterioso da psique, está no ponto central do desenvolvimento e no ponto central da cultura, da arte e da religião. [...] Trouxe consigo graça e desgraça, mas *é o fermento essencial da estabilidade e da espiritualidade ocidentais até os dias de hoje*. (Grifo da autora)

Vejo esse mito secular como um vaticínio: a prolongada e espinhosa luta das mulheres para conquistar seu lugar em um mundo no qual predominam valores que sustentam a dominação: soberba, inveja, ciúme, rancor, jogo, competição e outros valores menos dignos são facilmente reconhecíveis no texto, em contraste com as virtudes da heroína: inocência, humildade, espírito de luta, integridade e verdade, a que se juntam, também, a solidariedade de seus aliados.

Contudo, talvez o mais importante seja reconhecer o processo de individuação de Psiquê. Ela se liberta do poder do "homem" no momento em que decide desobedecer ao marido e conhecer sua verdadeira face. O sofrimento daí decorrente foi um caminho de "salvação" e de conquista do amor verdadeiro. Meu recado para as mulheres tem o objetivo de lembrá-las de que somos nós as inventoras do amor que voa e dá asas. E, por isso, teremos de abraçar a causa do resgate das emoções positivas, extirpadas do convívio humano, nas últimas décadas, como se fossem ervas daninhas.

Só para dar um último exemplo, quando estava terminando de escrever este livro, tive oportunidade de orientar um jovem executivo, que fazia um curso para se "tornar um líder". O retrato que ele projetou nada tinha que ver com sua real personalidade. Quando me disse que era sentimental e não pensador (as respostas que ele deu a um inventário psicológico mostravam claramente que ele utilizava raciocínio lógico para analisar e tomar decisões), eu lhe perguntei por que havia mentido no "teste". A resposta foi esta: "Estou me preparando para assumir uma posição de liderança na empresa. No curso, me disseram que tenho características que devem ser escamoteadas, que pessoas sentimentais jamais chegam a cargos de liderança, porque o sentimento é uma coisa negativa. Então, estou me exercitando para ser mais frio e mais objetivo". Isso quer dizer que há profissionais na área de treinamento fazendo lavagem cerebral, sem atentar para a violência que praticam!

Assim como o jovem citado, grande parte das pessoas, particularmente no Brasil, tem trocado amor por mercadorias (a sociedade de consumo estimula a troca 24 horas por dia), pela beleza efêmera, por *status* social, por cargos e títulos, ainda que para isso tenham de sacrificar sentimentos ou lançar mão de comportamentos menos dignos. Com isso, perde-se a perspectiva do desenvolvimento humano, que não está nas conquistas materiais, mas em algo mais etéreo e eterno: a essência e a integridade da personalidade.

Enfim, para quem chegou até aqui, vale lembrar que, apesar de tudo que foi conquistado, o trabalho das mulheres está longe de se completar, porque a trajetória da evolução humana é longa. Nesta caminhada, todos precisamos de parceiros, no estrito sentido da palavra. O individualismo e o narcisismo, estimulados pelas culturas orientadas para a competição e para o consumo, são os grandes venenos que podem matar relacionamentos valiosos, no nascedouro. Para nos proteger das desídias e dos enganos, o melhor instrumento ao nosso alcance é o autoconhecimento. A melhor arma? A fidelidade ao que se é, ao que se sente e ao que se busca realizar. Sem esquecer que ninguém é uma ilha, para lembrar um livro que fez muito sucesso décadas atrás. Tudo no universo está conectado como se fosse uma teia, em um sistema de mútua dependência. O que acontecer a uma pessoa repercutirá na Terra inteira. Sem esse reconhecimento, no plano humano, estamos fadados a desaparecer, assim como a nossa "casa", nosso planeta azul. A sustentabilidade da vida depende, mais do que nunca, de Amor.

Bibliografia

ABRAVANEL, Yehudah (Leone Hebreo). *I dialoghi d'amore, II.* Lisboa: Instituto Nacional de Investigação Científica, 1983.

ALBERONI, Francesco. *Enamoramento e amor.* Trad. Ary G. Galvão. Rio de Janeiro: Rocco, 1994.

______. *O erotismo.* Trad. Élia E. Garzanti. Rio de Janeiro: Rocco/Círculo do Livro, 1992.

AMADO, Jorge. *Dona flor e seus dois maridos.* São Paulo: Livraria Martins, 1966.

APULEIUS. *The golden ass.* Nova York: Modern Library, 1976.

ARISTÓTELES. *Ética a Nicômaco.* Trad. Leonel Vallandro e Gerd Bornheim. São Paulo: Abril Cultural, 1979. Coleção Os Pensadores.

______. Poética. Trad. Eudoro de Souza. São Paulo: Abril Cultural, 1969. Coleção Os Pensadores.

ASSIS, Machado de. *Dom Casmurro.* São Paulo: Edigraf, 1975.

AUGUSTO, Sérgio. "Vícios e virtudes com e sem prazo de validade". *O Estado de S. Paulo*, São Paulo, 29 mar. 2008. Caderno 2, p. 13.

BARTHES, Roland. *Fragmentos de um discurso amoroso.* Trad. Hortênsia dos Santos. 14. ed. São Paulo: Livraria Francisco Alves, 1998.

BEAUVOIR, Simone de. *Os mandarins.* Trad. Hélio de Souza. São Paulo: Círculo do Livro, 1974.

______. *O segundo sexo.* Trad. Sérgio Milliet. São Paulo: Círculo do Livro, 1986.

BOLEN, Jean Shinoda. *Godesses in everywoman.* Nova York: HarperPerennial, 1985.

______. *Gods in everyman.* Nova York: HarperPerennial, 1990.

BRANDÃO, Junito de Souza. *Mitologia grega.* 3 V. Petrópolis: Vozes, 1997.

CALEGARI, Maria da Luz. *Amor: seus enigmas, tramas e possibilidades.* São Paulo: Innova, 1997.

______. *O amor amordaçado.* São Paulo: Innova, 1998.

CALEGARI, Maria da Luz; GEMIGNANI, Orlando. *Temperamento e carreira.* São Paulo: Summus, 2006.

CAMPBELL, Joseph. *O herói de mil faces.* São Paulo: Círculo do Livro, 1989.

CAMPBELL, Joseph; MOYERS, Bill. *O poder do mito.* São Paulo: Palas Athena, 1992.

CAPRA, Fritjof. *As conexões ocultas – Ciência para uma vida sustentável.* Trad. Marcelo Brandão Cipolla. São Paulo: Cultrix, 2002.

______. *O ponto de mutação.* Trad. Álvaro Cabral. São Paulo: Editora Cultrix/Círculo do Livro, 1986.

CERVANTES, Miguel de. *Dom Quixote.* Trad. Almir de Andrade e Milton Amado. São Paulo: Publifolha/Ediouro, 1998.

CHANDLER, Charlotte. *Eu, Fellini*. Rio de Janeiro: Record, 1994.
CHOPRA, Deepak. *O caminho para o amor.* Rio de Janeiro: Rocco, 1999.
CLOS, Choderlos de la. *As ligações perigosas*. Trad. Sérgio Milliet. São Paulo: Abril, 1971.
COLAVITTI, Fernanda. "Procedimentos estéticos bizarros". *Revista Galileu*, Globo, São Paulo, jan. 2008, p. 12.
DAMÁSIO, António. *O erro de Descartes*. São Paulo: Companhia das Letras, 1994.
DAWKINS, Richard. *O gene egoísta*. São Paulo: Companhia das Letras, 2007.
FISHER, Helen. *The science of love, and the future of women*. Fev. 2006. Disponível em <http://www.ted.com/index.php/talks/view/id/16>. Último acesso em 29 abr. 2008.
FRANÇA, Valéria; CAFARDO, Renata. "Eles são as novas caras das passarelas". *O Estado de S. Paulo*, São Paulo, 19 jan. 2008. Caderno Metrópole. Disponível em <http://txt.estado.com.br/editorias/2008/01/19/cid-1.93.3.20080119.28.1.xml>. Último acesso em 29 abr. 2008.
GIBRAN, Kahlil. *Espelhos da alma*. Rio de Janeiro: Record, 1965.
______. Segredos do coração. Trad. Emil Fahrat. 2. ed. Rio de Janeiro: Record, 1968.
GOETHE, Johan W. von. *Desventuras do jovem Werther.* São Paulo: Abril Cultural, 1971. Coleção Imortais da Literatura Universal.
GOFFMAN, Ken; JOY, Dan. *Contracultura através dos tempos*. Trad. Alexandre Martins. Rio de Janeiro: Ediouro, 2007.
GOTLIB, Nádia Battella. *Clarice, uma vida que se conta*. São Paulo: Ática, 1995.
GRAVES, Robert. *The greek myths*. Londres: Penguin Books, 1981.
HELLMAN, Lillian. *Pentimento*, um álbum de retratos. Trad. Elsa Martins. São Paulo: Círculo do Livro, 1988.
HILLMAN, James. *A tipologia de Jung*. Trad. Ana Cândida P. Marcelo e Wilma Raspanti Pellegrini. São Paulo: Cultrix, 1995a.
______. *Psicologia arquetípica*. São Paulo: Cultrix, 1995b.
HOMERO. *Odisséia*.Trad. Carlos Alberto Nunes. Rio de Janeiro: Ediouro, 1998.
IBSEN, Henrik. *Casa de bonecas*. Trad. Cecil Thiré. São Paulo: Abril Cultural, 1976.
JABOR, Arnaldo. "Pequenas bobagens traçam nosso destino". *O Estado de S.Paulo*, São Paulo, 6 maio 2008, Caderno 2, p. 16.
JUNG, C. G. *The archetypes and the collective unconscious*. [*Os arquétipos e o inconsciente coletivo*]. Nova York: Princeton University Press, 1959. [Trad. Dora Mariana R. Ferreira da Silva e Maria Luiza Appy. 4. ed. Petrópolis: Vozes, 2006].
______. *Memórias, sonhos, reflexões*. Rio de Janeiro: Nova Fronteira, 1989.
______. *Tipos psicológicos*. Petrópolis: Vozes, 2003.
KAZANTZAKIS, Nikos. *Zorba, o grego*. Trad. Edgar Flexa Ribeiro e Guilhermina Sette. São Paulo: Círculo do Livro, 1974.
KEHL, Maria Rita. "A psicanálise e o domínio das paixões". In: KEHL, Maria Rita *et al. Os sentidos da paixão*. São Paulo: Funarte/Companhia das Letras, 1988.

KEIRSEY, David. *Please understand me II*. Del Mar: Prometeus Nemesis Book Co., 1998.

KROEGER, Otto; THUESEN, Janet M. *16 ways to love your lover*. Nova York: Dell Publishing, 1993.

LIMA, Sérgio C. F. *O corpo significa*. São Paulo: Edart, 1976.

LINTON, Ralph. *The cultural background of personality*. Londres: Routledge & Kegan Paul, 1952.

MAGALHÃES, Júnior Raimundo. *Poesia e vida de Cruz e Sousa*. São Paulo: Editora das Américas, 1961.

MANN, Thomas. *Morte em Veneza*. São Paulo: Abril Cultural, 1971.

MELO, Walter. *Nise da Silveira*. Rio de Janeiro: Imago, 2001. Série Pioneiros da Psicologia Brasileira.

MONTGOMERY, Stephen. *People patterns*. California: Archer Publications, 2002.

MORAES, Vinícius. *Antologia dos poetas brasileiros*. Rio de Janeiro: Logos, 1964.

MYERS, Isabel Briggs; MYERS, Peter B. *Ser humano é ser diferente*. São Paulo: Gente, 1997.

NOVAES, Adauto (org.). *O desejo*. São Paulo: Companhia das Letras, 1990.

______. *Os sentidos da paixão*. São Paulo: Companhia das Letras, 1988.

O'NEILL, Eugene. *Longa jornada noite adentro*. Trad. Helena Pessoa. São Paulo: Abril Cultural, 1977.

ORWELL, George. *1984*. São Paulo: Cia. Editora Nacional, 1982.

PARIS, Ginette. *Pagan meditations*. Texas: Spring Publications, 1989.

PÉRET, Benjamin. *Amor sublime, ensaio e poesia*. São Paulo: Brasiliense, 1986.

PESSOA, Fernando. *Poesia, 1902-1917*. São Paulo: Companhia das Letras, 2006.

PESSOA, Ozanam. *Poesia e vida de Castro Alves*. São Paulo: Editora das Américas, 1963.

PLATÃO. *O banquete*. Trad. José Cavalcante de Souza. São Paulo: Abril Cultural, 1972. Coleção Os Pensadores.

______. *La République*. Trad. E. Chambry. Paris: Les Belles Lettres, 1947.

QUEIRÓS, Eça de. *A relíquia*. São Paulo: Publifolha, 1997.

RIBEIRO, Renato J. "A paixão revolucionária e a paixão amorosa em Stendhal". In: NOVAES, Adauto (org.). *Os sentidos da paixão*. São Paulo: Funarte/Companhia das Letras, 1988.

SAND, George. *Histoire de ma vie*. Paris: Librairie Hachette, 1952.

SILVEIRA, Nise da. *Jung: vida e obra*. São Paulo: Paz e Terra, 1996.

STENDHAL, Marie-Henry Beyle. *O vermelho e o negro*. São Paulo: Abril Cultural, 1971.

TORERO, José Roberto. *O chalaça*. São Paulo: Círculo do Livro, 1974.

WILLIAMS, Tennessee. *Um bonde chamado desejo*. Trad. Brutus Pedreira. São Paulo: Abril Cultural, 1976.

IMPRESSO NA

GRÁFICA sumago

sumago gráfica editorial ltda
rua itauna, 789 vila maria
02111-031 são paulo sp
telefax 11 **2955 5636**
sumago@terra.com.br